Chinese Language

酒店观光汉语
(会话篇)

회화편 호텔관광
중국어

임영화 저

백산출판사

▎머리말

본 교재는 호텔관광중국어_기초편과 호텔관광중국어_회화편으로 구성되어 있다. 호텔관광중국어_기초편은 중국어의 기본이 되는 발음부터 시작하여 호텔에서 자주 사용하는 어휘와 관광 관련 표현 등으로 구성되어 있다. 호텔관광중국어_회화편은 호텔 내 각 파트별로 사용되고 있는 표현과 회화 상황 및 관광안내 내용을 재현하여 객실예약, 프런트 오피스, 객실서비스, 식음료서비스, 관광안내 등의 총 5파트로 구성되어 있다. 교재 내용은 호텔관광 서비스의 업무 흐름에 따라 전화예약, 방문예약, 체크인, 짐 보관, 비즈니스센터, 안내서비스, 체크아웃, 객실교체, 모닝콜서비스, 세탁서비스, 룸서비스, 응대서비스, 주문서비스, 주문받기, 계산서비스, 관광안내서비스 등 총 16과로 구성되어 있다.

교재 설계는 호텔관광_기초편에서 호텔관광중국어의 기초를 학습한 후 호텔관광중국어_회화편을 통해 서비스 제공에 사용되는 호텔관광중국어 표현을 학습할 수 있도록 설계했다. 특히 '실용 위주'의 전문용어를 각 부분에 사용하여 간단명료하고 기억하기 쉽게 하였고 기타 영역에서도 사용할 수 있도록 문형을 표현하려고 노력했다.

본 교재는 대학 호텔경영학과 교재로 사용하고자 만든 것이지만 호텔과 관광 및 비즈니스관련 중국어 어휘, 문형, 표현 등이 포함되어 있어 호텔직원 중국어 교육 및 관광분야 중국어 교재로도 적합할 것이라 생각한다.

2017년 8월

임영화

▌차례

Part 5 관광안내 旅游咨询

PART

1

객실예약 客房预订

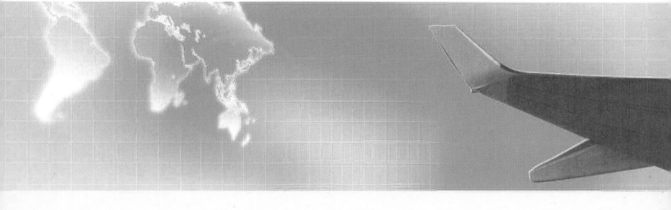

전화예약 打电话预订
방문예약 上门预订
체크인 办理入住手续

第一课

打电话预订

전화예약

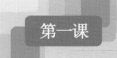

打电话预订 전화예약

我要预订房间。방을 예약하려고 합니다

새로운 단어 (CD 01)

需要	xūyào	[동]	필요하다, 요구되다
帮助	bāngzhù	[동·명]	돕다, 도움
可以	kěyǐ	[조동]	할 수 있다, 가능하다, 해도 좋다
告诉	gàosu	[동]	말하다, 알리다
姓名	xìngmíng	[명]	성명, 성과 이름
张小明	zhāngxiǎomíng	[고명]	장소명(인명)
会员	huìyuán	[명]	회원
金卡会员	jīnkǎhuìyuán	[명]	골드회원
联系电话	liánxìdiànhuà	[명]	연락처, 연락 전화
房价	fángjià	[명]	집값, 방값
还有	háiyǒu	[접]	그리고, 또한
帮忙	bāngmáng	[동]	일(손)을 돕다, 도움을 주다
期待	qīdài	[동]	기대하다, 고대하다, 바라다

课文

맛있는 **본문** (CD 02)

服务员: 您好！乐天酒店前台。请问您需要什么帮助吗？
fúwùyuán: Nínhǎo! Lètiānjiǔdiànqiántái。Qǐngwènnínxūyàoshénmebāngzhùma?

客人:　我要预订房间。
kèrén:　Wǒyàoyùdìngfángjiān。

服务员: 好的，请问您要预订哪一天的房间？
fúwùyuán: Hǎode, qǐngwènnínyàoyùdìngnǎyìtiāndefángjiān?

客人:　明天的，住一天。请问单人间一天多少钱？
kèrén:　Míngtiānde, zhùyìtiān。Qǐwèndānrénjiānyìtiānduōshǎoqián?

服务员: 单人间一天八万块，可以告诉我您的姓名吗？
fúwùyuán: Dānrénjiānyìtiānbāwànkuài, kěyǐgàosùwǒníndexìngmíngma?

客人:　张小明。
kèrén:　Zhāngxiǎomíng。

服务员: 张小明先生，请问您是我们的会员吗？
fúwùyuán: Zhāngxiǎomíngxiānsheng, qǐngwènnínshìwǒmendehuìyuánma?

客人:　是的，金卡会员。
kèrén:　Shìde, jīnkǎhuìyuán。

服务员: 张先生，请告诉我您的电话号码，好吗？
fúwùyuán: Zhāngxiānsheng, qǐnggàosùwǒníndediànhuàhàomǎ, hǎoma?

客人: 13015268989。
kèrén: Yāosānlíngyāowǔèrliùbājiǔbājiǔ。

服务员: 好的。 张先生， 您预订了一个明天的单人间， 住一天，
      Hǎode。 Zhāngxiānsheng, nínyùdìngleyígemíngtiāndedānrénjiān, zhùyìtiān,

      房价是八万元， 联系电话是
      fángjiàshìbāwànyuán, liánxìdiànhuàshì

      13015268989， 对吗?
      Yāosānlíngyāowǔèrliùbājiǔbājiǔ, duìma?

客人: 对。
      Duì。

服务员: 张先生， 您还有需要我帮忙的吗?
      Zhāngxiānsheng, nínháiyǒuxūyāowǒbāngmángdema?

客人: 没有， 谢谢。
      Méiyǒu, xièxie。

服务员: 谢谢您来电话， 我们期待您的光临。 再见!
      Xièxienínláidiànhuà, wǒmenqīdàiníndeguānglín。 Zàijiàn!

客人: 再见。
      Zàijiàn。

주요 어법 및 표현

■ 조동사 '要', '想', '可以'

1. 조동사 要

① 조동사 '要'는 '~할 것이다', '~하려고 하다'라는 뜻으로, 주로 동사 앞에 위치하여 주관적인 의지와 희망을 나타낸다. 부정 표현은 '不想'이다.

<blockquote>
예 您要喝咖啡吗? 커피를 마시겠습니까?

我不想喝咖啡, 我要喝茶。

나는 커피 마시고 싶지 않습니다. 나는 차를 마시겠습니다.
</blockquote>

② '~해야 한다', '마땅히~해야만 한다'는 뜻으로 객관적인 사실에서의 필요를 나타낸다. 부정 표현은 '不要' 혹은 '不用'이다.

<blockquote>
예 请不要在房间里吸烟。 방에서 흡연하지 마세요.

要我帮忙吗? 不用, 谢谢。

제가 도와드릴까요? 그럴 필요 없습니다, 감사합니다.
</blockquote>

2. 조동사 想

'想'은 '할 계획이다', '~하기를 바란다', '하고 싶다'는 뜻으로 주관적인 바람을 나타낸다.

<blockquote>
예 我想回家。 나는 집에 가고 싶다.

我想吃西餐。 나는 양식을 먹고 싶다.

我不想看电影。 나는 영화를 보고 싶지 않다.
</blockquote>

3. 조동사 可以

'可以'는 '~해도 좋다(허가)', '~할 수 있다'라는 뜻으로 사용된다.

　㉠ 可以告诉我您的姓名吗? 성함을 알려주시겠습니까?

　　这些蔬菜都可以生吃。 이 채소들은 모두 날것으로 먹을 수 있다.

■ 접속사 '还有'

접속사 '还有'는 '또한', '그리고', '더'라는 뜻으로 사용한다.

　㉠ 您还有需要我帮忙的吗?/还有别的房间吗?

　　저의 도움이 더 필요하십니까?/ 다른 방이 더 있나요?

　　还有, 我非常想吃北京烤鸭和春卷。

　　그리고, 나는 북경오리구이와 춘권이 매우 먹고 싶다.

자주 쓰는 표현(常用句型) (CD 03)

1. 请问，您需要什么帮助吗? 실례지만 무엇을 도와드릴까요?
   Qǐngwèn, nínxūyàoshénmebāngzhùma?

2. 请问您要预订哪一天的房间?
   Qǐngwènnínyàoyùdîngnǎyìtiāndefángjiān?
   실례지만 방은 어느 날짜로 예약하시겠습니까?

3. 可以告诉我您的姓名吗? 성함을 말씀해 주시겠습니까?
   Kěyǐgàosùwǒníndexìngmíngma?

4. 请问您是我们的会员吗? 손님은 저의 회원이십니까?
   qǐngwènnínshìwǒmendehuìyuánma?

5. 请告诉我您的电话号码，好吗? 전화번호를 말씀해 주시겠습니까?
   Qǐnggàosùwǒníndediànhuàhàomǎ, hǎoma?

6. 您还有什么需要我帮忙的吗? 저의 도움이 더 필요하십니까?
   Nínháiyǒushénmexūyàowǒbāngmángdema?

7. 谢谢您来电话，我们期待您的光临。
   Xièxienínláidiànhuà, wǒmenqīdàiníndeguānglín。
   전화 주셔서 감사합니다. 방문을 기다리겠습니다.

8. 请再说一遍，好吗? 다시 한 번 말씀해 주시겠습니까?
   Qǐngzàishuōyíbiàn, hǎoma?

연습(练习)

1. 단어를 선택하여 빈칸을 채워보세요.

(1) 多少　　需要　　告诉　　预订

　　服务员：　您好！乐天酒店前台。请问您 ＿＿＿＿什么帮助吗？

　　客人：　　我要＿＿＿＿＿房间。

　　服务员：　好的，请问您要预订哪一天的房间？

　　客人：　　明天的，住一天，单人间一天＿＿＿＿＿＿钱？

　　服务员：　单人间一天十二万块，可以＿＿＿＿＿＿我您的姓名吗？

　　客人：　　张小明。

(2) 金卡　　号码　　会员

　　服务员：　张小明先生，请问您是我们的＿＿＿＿＿＿＿＿吗？

　　客人：　　是的，＿＿＿＿＿＿会员。

　　服务员：　张先生，请告诉我您的电话＿＿＿＿＿＿＿好吗？

　　客人：　　13005268989

(3) 帮忙　　光临　　房价

　　服务员：　张先生，您预订了一间明天的单人间，住一天，＿＿＿＿＿是十二万元，

　　　　　　　电话号码是13005268989，对吗？

　　客人：　　是的。

　　服务员：　张先生，您还有需要我＿＿＿＿＿＿＿的吗？

　　客人：　　没有，谢谢。

　　服务员：　谢谢您来电话，我们期待您的＿＿＿＿＿＿＿。再见！

　　客人：　　再见。

2. 제시된 단어로 문장을 완성하세요.

我要＿＿＿＿＿＿＿＿＿＿＿＿＿＿＿＿＿＿＿＿。(预订)

请问您是＿＿＿＿＿＿＿＿＿＿＿＿＿＿＿＿吗?(会员)

您还有＿＿＿＿＿＿＿＿＿＿＿＿＿＿＿＿吗?(帮忙)

我们＿＿＿＿＿＿＿＿＿＿＿＿＿＿＿＿＿＿。(期待)

可以＿＿＿＿＿＿＿＿＿＿＿＿＿＿＿＿吗?(告诉)

3. 제시된 내용으로 대화를 완성하세요.

(1) 服务员: 您好! 乐天酒店前台。请问需要什么帮助吗?

客人: 我要 ＿＿＿＿＿＿＿＿＿＿＿＿＿＿＿。(방을 예약하려고 합니다)

(2) 服务员: 好的, 请问您要预订哪一天的房间?

客人: 明天的, 住一天, ＿＿＿＿＿＿＿＿?(1인실은 하루에 얼마입니까)

(3) 服务员: 单人间一天十二万元, 可以告诉我 ＿＿＿＿＿＿吗?(당신의 성함)

客人: 张小明。

(4) 服务员: 张小明先生, 请问您是我们的会员吗?

客人: 是的, ＿＿＿＿＿＿＿＿＿。(골드회원입니다)

(5) 服务员: ＿＿＿＿＿＿, 我们期待您的光临。再见!(전화 주셔서 감사합니다)

客人: 再见。

고전명구(古典名句)

爱人者人恒爱之，敬人者人恒敬之。
(Àirénzhěrénhéngàizhī, jìngrénzherénhéngjìngzhī。)

다른 사람을 사랑하는 사람은 다른 이도 그를 사랑하게 마련이고, 다른 사람을 존경하는 사람은 다른 이도 그를 존경하게 마련이다.

용법: 사람과 사람의 관계 속에서 사랑과 존경은 항상 상호적(相互的)임을 뜻한다. 《孟子·离娄下》

■ 미니중국상식

중국인의 민족성(대륙의 자존심 – 중화사상)

유태인에게 선민사상(选民思想)이 있다면 중국인에게는 중화사상이 있다. 중국이 큰 나라이면서도 '大'자를 사용하지 않고 '中'자를 국명에 사용하는 것은 중국이 지리적, 문화적으로 우주와 천하의 중심이라는 '중화사상'에 기인한 것이다. 중화사상이란 수천 년 동안 지속되어 온 중국인의 민족적 우월감을 뜻한다. 중국인들의 이러한 우월의식과 자존의식은 중국이 세계문명의 발상지요, 번영의 중심이라는 확신에서 비롯된 것이다. 오늘날 중국을 지배하는 이데올로기는 공산주의가 아니라 중화사상으로, 중국 특색의 사회주의 건설의 최종목표 또한 천하의 중심, 중화의 옛 영광을 되찾고자 하는 데 있다.

第二课

方문예약

上门预订

第二课 上门预订 방문예약

请问您要预订哪种房间? 실례지만 어떤 방을 예약하시겠습니까?

새로운 단어 (CD 04)

帮	bāng	[동]	돕다, 거들다
种	zhǒng	[명]	종, 종류
双人间	shuāngrénjiān	[명]	2인실, 트윈룸
稍等	shāoděng	[동]	잠깐 기다리다
查	chá	[동]	찾아보다, 조사하다
情况	qíngkuàng	[명]	상황, 정황, 사정
让	ràng	[동]	…하게 하다, …하도록 시키다
久	jiǔ	[형]	오래다, 시간이 길다
为	wèi	[개]	…에게 (…을 해주다), …을 위하여 (…을 하다)
王娟	wángjuān	[고명]	왕연(인명)
预计	yùjì	[동]	…할 예정이다, 예측하다
住	zhù	[동]	숙박하다, 묵다, 살다, 거주하다
联系	liánxì	[동]	연락하다, 연결하다

课文

맛있는 본문 (CD 05)

服务员：　**您好！请问有什么可以帮您吗？**
fúwùyuán:　Nínhǎo! Qǐngwènyǒushénmekěyǐbāngnínma?

客人：　**我要预订房间。**
kèrén:　Wǒyàoyùdìngfángjiān。

服务员：　**好的，请问您要预订哪一天的房间？**
Hǎode, qǐngwènnínyàoyùdìngnǎyìtiāndefángjiān?

客人：　**1月 20号的房间。**
Yīyuèèrshíhàodefángjiān。

服务员：　**请问您要预订哪种房间？**
Qǐngwènnínyàoyùdìngnǎzhǒngfángjiān?

客人：　**两个双人间。**
Liǎnggeshuāngrénjiān。

服务员：　**好的，请稍等，我查一下预订情况。……**
Hǎode, qǐngshāoděng, wǒcháyíxiàyùdìngqíngkuàng。……

对不起，让您久等了。1月20号两个双人间，可以预订。
Duìbuqǐ, ràngnínjiǔděngle。Yīyuèèrshíhàoliǎnggeshuāngrénjiān, kěyǐyùdìng。

请问您的姓名？
Qǐngwènníndexìngmíng?

客人: 王娟。
Wángjuān。

服务员: 王小姐，请问您预计住几天？
Wángxiǎojiě, qǐngwènnínyùjìzhùjǐtiān?

客人: 两天。
Liǎngtiān。

服务员: 王小姐，请问您的电话号码是多少？
Wángxiǎojiě, qǐngwènníndediànhuàhàomǎshìduōshǎo?

客人: 13015268989。
Yāosānlíngyāowǔèrliùbājiǔbājiǔ。

服务员: 好的。王小姐，您预订了1月20号的两个双人间，
Hǎode。Wángxiǎojiě, nínyùdìngleyīyuèèrshíhàodeliǎnggeshuāngrénjiān,

住两天，联系电话是13015268989，对吗？
zhùliǎngtiān, liánxìdiànhuàshìyāosānlíngyāowǔèrliùbājiǔbājiǔ, duìma?

客人: 是的。
Shìde。

服务员: 王小姐，您还有什么需要我帮忙的吗？
Wángxiǎojiě, nínháiyǒushénmexūyàowǒbāngmángdema?

客人: 可以了。
Kěyǐle。

服务员: 谢谢您的预订，我们期待您的光临。再见！
Xièxieníndeyùdìng, wǒmenqīdàiníndeguānglín。Zàijiàn!

客人: 再见。
Zàijiàn。

주요 어법 및 표현

■ '几'와 '多少'

'几'와 '多少'는 모두 수량을 물을 때 사용한다. 10 이하 숫자가 예상될 경우 일반적으로 '几'를 사용한다. '多少'는 수량에 관계없이 사용하지만 일반적으로 10 이상 수가 예상될 때는 '多少'를 사용한다. '几'와 '几'의 수식을 받는 명사 사이에는 양사를 사용해야 하지만 '多少' 뒤에는 양사를 사용해도 되고 사용하지 않아도 된다.

ⓔ 您住几天? 며칠 묵으십니까?

你有几个妹妹? 당신은 여동생 몇 명 있어요?

现在几点? 지금은 몇 시입니까?

您的电话号码是多少? 당신의 전화번호는 몇 번입니까?

单人间一天多少钱? 1인실은 하루에 얼마예요?

■ 이합동사(이합사离合词)

이합동사는 동사+목적어(명사) 구조의 2음절 동사로 결합하기도 하고 분리되기도 한다. 이합동사는 자체에 목적어가 있으므로 이합동사 뒤에는 다른 목적어가 올 수 없다. 다른 목적어가 필요한 경우에는 동사와 목적어 사이에 둔다.

ⓔ 我和朋友见面。 나는 친구와 만난다.

我见朋友。 나는 친구를 만난다.

您还有什么需要我帮忙的吗? 제가 무엇을 더 도와드릴까요?

我能帮您什么忙吗? 제가 도움이 될 수 있을까요?

동태조사 '了', '着', '过', 양사, 의문사 등은 이합동사의 동사 뒤에 놓는다.

例 我睡了七个小时的觉。 나는 잠을 7시간 잤다.

我们从来没见过面。 우리는 지금까지 만난 적이 없다.

你生什么气? 너 뭐가 화나는데?

我生你的气。 나는 너에게 화가 난다.

자주 쓰는 표현(常用句型) (CD 06)

1. 请问您要预订哪种房间? 실례지만 어떤 방을 예약하시겠습니까?
   Qǐngwènnínyàoyùdìngnǎzhǒngfángjiān?

2. 请问您预计住几天? 실례지만 며칠 묵으실 예정이십니까?
   Qǐngwènnínyùjìzhùjǐtiān?

3. 请稍等, 我查一下预订情况。
   Qǐngshāoděng, wǒcháyíxiàyùdìngqíngkuàng。
   잠깐만 기다려주세요. 예약상황을 확인해 보겠습니다.

4. 对不起, 让您久等了。 오래 기다리시게 해서 죄송합니다.
   Duìbùqǐ, ràngnínjiǔděngle。

5. 您预订了1月20号的两个双人间。 1월 20일 2인실 2개를 예약하셨습니다.
   Nínyùdìngleyīyuèèrshíhàodeliǎnggeshuāngrénjiān。

6. 谢谢您的预订, 我们期待您的光临。
   Xièxieníndeyùdìng, wǒmenqīdàiníndeguānglín。
   예약해 주셔서 감사합니다. 방문을 기다리겠습니다.

플러스 단어

客房 kèfáng 객실

房间 fángjiān 방, 룸

标准间 biāozhǔnjiān 일반실, 스탠다드룸

单人间 dānrénjiān 1인실, 싱글룸

双人间 shuāngrénjiān 2인실, 트윈룸

豪华间 háohuájiān 디럭스룸

商务间 shāngwùjiān 비즈니스룸

团队用房 tuánduìyòngfáng 그룹(단체)객실

套间(套房 tàofáng) tàojiān 스위트룸

总统套房 zǒngtǒngtàofáng 프레지던트 스위트룸

皇家套房 huángjiātàofáng 로얄 스위트룸

加床 jiāchuáng 엑스트라 침대

免费房 miǎnfèifáng 무료객실(컴프룸)

연습(练习)

1. 단어를 선택하여 문장을 완성하세요.

> 哪一天   预订   什么   个   种

(1) 您好。请问有＿＿＿＿＿＿＿＿＿＿＿＿可以帮您吗?

(2) 我要＿＿＿＿＿＿＿＿＿＿房间。

(3) 请问您要预订＿＿＿＿＿＿＿＿的房间?

(4) 请问您要预订哪＿＿＿＿＿＿＿＿＿＿＿房间?

(5) 两＿＿＿＿＿＿＿＿＿＿＿＿双人间。

> 联系电话   期待   住   查

(6) 请稍等, 我＿＿＿＿＿＿＿＿＿＿一下预订情况。

(7) 王小姐, 请问您预计＿＿＿＿＿＿＿＿＿＿＿几天?

(8) 王小姐, 您预订了1月20号的两个双人间, 住两天, ＿＿＿＿＿＿＿＿是
     13005268989, 对吗?

(9) 谢谢您的预订, 我们＿＿＿＿＿＿＿＿＿＿您的光临。再见!

2. 다음 대화를 완성하세요.

对话1

服务员: 请问, 有什么可以帮您吗?

顾客: 我要_____。

服务员: 请问，您要_____房间?

顾客: 我要预订一个_____。

服务员: 王小姐，请问您预计住 _____?

客人: 两天。

对话2

服务员: 王小姐，请问您的 _____是多少?

客人: 13005268989。

服务员: 好的。王小姐，您预订了1月20号的两个双人间，住两天，
联系电话是13005268989，对吗?

客人: _____。

对话3

服务员: 王小姐，您还有什么需要我帮忙的吗?

客人: _____。

服务员: 谢谢您的预订，我们期待您的光临。_____!

客人: 再见。

3. 제시된 내용으로 문장을 완성해 보세요.

(1) 请问您要_____?(어떤 종류의 방을 예약하시겠습니까)

(2) 您预订了1月20号的_____。 (2인실 두 개요)

(3) 对不起，让您_____了。 (오래 기다리다)

(4) _____，我们期待您的光临。再见!(예약해 주셔서 감사합니다)

고전명구(古典名句)

白日依山尽，黄河入海流。欲穷千里目，更上一层楼。
(Báirìyīshānjìn, huánghérùhǎiliú。Yùqióngqiānlǐmù, gèngshàngyìcénglóu。)

태양은 산 너머로 지고, 황하는 바다로 흘러들어간다. 천리 밖의 경치까지 다 보고 싶으면 반드시 한 층 더 높이 올라가야 한다.

용법: ① 다른 사람에게 더욱 분발하라고 격려할 때나, 끝없는 이상에 대한 추구를 설명할 때 쓰인다.

② 기본적으로 원의에 충실하게 쓰여, 높이 서야 더 멀리 볼 수 있다는 뜻을 나타낸다. 唐·王之涣 《登鹳雀楼》

■ 미니중국상식

중국인들의 체면(面子)과 현실주의 사고방식

중국인에게 체면은 명분, 자존심 등의 뜻으로 중국인들은 "체면 세우다(给面子)"와 "체면을 깎다(不给面子)"에 지나치게 민감하다. 전통적인 유가사상에 의해 명예와 명분을 중시하여 명예를 더럽히는 것을 수치로 생각한다. 수치는 하나의 형벌이다. 실제 고대의 형벌 중에는 얼굴에 먹칠을 하여 체면을 손상시키는 형벌이 있었다. 따라서 중국인과 교제할 때 그들에게 차별받았다는 느낌은 주지 않는 것이 좋다. 어떤 오해나 문제가 발생했을 때는 그들의 체면을 손상시키는 언행은 절대 삼가며, 간접적인 표현으로 전달하는 것이 바람직하다. 그들은 체면을 단순히 자존심에 관한 문제보다는 위신과 존엄에 관한 문제로 여긴다. 이처럼 중국인들에게 체면은 아주 중요하다. 하지만 중국인들은 체면 못지않게 현실 또한 중요하게 여긴다.

중국인들은 체면과 현실이 상충할 때 현실을 먼저 택하는 현실주의자이다. 예로부터 중국인들은 사후세계나 종교적인 문제보다는 현실에서의 불로장생과 무병장수에 더 많은 관심을 가졌다. 중국의 철학과 종교가 현실적이며 인본주의가 주류를 이루고, 사회주의 唯物论이 이들에게 쉽게 전달될 수 있었던 것도 이 같은 이유 때문이다. 이러한 현실주의는 물질적인 富를 중시하여 오래전부터 상업을 발달시킨 주요 배경이 되었다. 중국어로 '生意'는 '삶의 의미'가 아니라 '장사' 또는 '영업'이라는 뜻이다.

第三课

체크인

办理入住手续

第三课 办理入住手续 체크인

请问您有预订吗? 실례지만 예약하셨습니까?

새로운 단어 (CD 07)

豪华间	háohuájiān	[명]	디럭스룸
一下	yíxià	[양]	한번, 좀 …하다
收	shōu	[동]	받다, 간수하다
房卡	fángkǎ	[명]	호텔 등의 객실 카드키, 방 카드키
祝	zhù	[동]	기원하다, 축복하다, 축하하다
度过	dùguò	[동]	(시간을) 보내다, 지내다
愉快	yúkuài	[형]	기쁘다, 즐겁다
韩中旅行社	hánzhōnglǚxíngshè	[명]	한중여행사
团队	tuánduì	[명]	단체, 팀
名称	míngchēng	[명]	명칭, 이름
教师团	jiàoshītuán	[명]	교사팀
确认	quèrèn	[동]	확인하다
钥匙	yàoshi	[명]	열쇠
如果	rúguǒ	[접]	만약, 만일
…的话	dehuà	[조]	…하다면, …이면
早餐券	zǎocānquàn	[명]	아침 식사권
餐厅	cāntīng	[명]	부설 식당, 음식점, 레스토랑

맛있는 본문 (CD 08)

服务员: 您好！欢迎光临新罗酒店。
Nínhǎo! Huānyíngguānglínxīnluójiǔdiàn.

请问有什么可以帮您吗?
Qǐngwènyǒushénmenkěyǐbāngnínma?

客人: 我要住酒店。
Wǒyàozhùjiǔdiàn.

服务员: 请问您有预订吗?
Qǐngwènnínyǒuyùdìngma?

客人: 有的，我叫李明。
Yǒude, wǒjiàolǐmíng.

服务员: 请稍等……
Qǐngshāoděng……

李先生，您预订了今天的一个豪华间，预住一天。
Lǐxiānsheng, nínyùdìnglejīntiāndeyígeháohuájiān, yùzhùyìtiān.

客人: 是的。
Shìde.

服务员: 李先生，请您出示一下您的护照。
Lǐxiānsheng, Qǐngnínchūshìyíxiàníndehùzhào。

客人: 好的。
Hǎode。

服务员: 李先生，请收好您的护照。
Lǐxiānsheng, qǐngshōuhǎoníndehùzhào。

这是您的房卡，您的房间在六楼，
Zhèshìníndefángkǎ, níndefángjiānzàiliùlóu,

房间号码是618号。
fángjiānhàomǎshìliùyāobāhào。

客人: 请问电梯在哪儿?
Qǐngwèndiàntīzàinǎr?

服务员: 电梯在前台左边。祝您度过愉快的时间!
Diàntīzàiqiántáizuǒbiān。Zhùníndùguòyúkuàideshíjiān!

客人: 谢谢!
Xièxie!

服务员: 不用谢!
Búyòngxiè!

服务员: 您好! 欢迎光临乐天酒店。请问您有预订吗?
Nínhǎo! Huānyíngguānglínlètiānjiǔdiàn。Qǐngwènnínyǒuyùdìngma?

客人：有。韩中旅行社给我们订了10个标准间。
Yǒu。Hánzhōnglǔxíngshègěiwǒmenyùdîngleshígebiāozhǔnjiān。

服务员：**您能告诉我你们团队的名称吗?**
Nínnénggàosùwǒnǐmentuánduìdemíngchēngma?

客人：北京教师团。
Běijīngjiàoshītuán。

服务员：**请稍等！我帮您确认一下……**
Qǐngshāoděng! Wǒbāngnínquèrènyíxià……

对，韩中旅行社为北京教师团预订了10个标准间，
Duì, hánzhōnglǔxíngshèwèiběijīngjiàoshītuányùdîngleshígebiāozhǔnjiān,

住五天。
zhùwǔtiān。

客人：是的。这是我们团队的名单。
Shìde。Zhèshìwǒmentuánduìdemíngdān。

服务员：**好的。这是房间的钥匙和早餐券。餐厅在三楼。**
Hǎode。Zhèshìfángjiāndeyàoshihézǎocānquàn。Cāntīngzàisānlóu。

客人：谢谢!
Xièxie!

服务员：**不客气!**
Búkèqi!

주요 어법 및 표현

■ **결과보어**

동사 뒤에 놓여 동작이나 행위, 현상, 변화가 초래한 결과를 나타내는 보어를 결과보어라고 한다. 동사 뒤에 오는 결과보어로는 동사나 형용사를 사용할 수 있다.

예 鸟飞走了。　새는 날아가 버렸다.

我看完这本小说了。　나는 이 소설을 다 봤다.

温度一下子升高了。　온도는 갑자기 높이 상승했다.

결과보어는 중심어인 동사와의 결합 정도가 매우 강해서, 둘 사이에는 다른 성분을 넣을 수 없다. 따라서 동태조사인 了와 过는 결과보어의 뒤에 놓인다.

예 我一定要学好汉语。　나는 반드시 중국어를 잘 배워야 한다.

他来晚了一点儿。　그는 조금 늦게 왔다.

동사가 결과보어를 수반하는 문장은, 거의 이미 행해진 동작이 어떤 결과를 만들어냈음을 나타내는 것이므로, 부정할 때는 과거 부정형 "没(有)"를 쓴다.

예 我没听清楚，请您再说一遍好吗?

제가 분명히 듣지 못했습니다. 다시 한 번 말씀해 주시겠습니까?

가정의 뜻을 나타낼 경우에는 부정부사 "不"를 사용하여 부정한다.

예 我不看完，就不睡觉。나는 다 보지 않고는 잠을 자지 않겠다.

(1) 결과보어 好

'동사+好'는 '다 되다', '잘 마무리되다', '만족스러운 결과에 도달하다'의 뜻을 나타낸다.

 예 请收好护照。 여권을 잘 간수하세요.

  我昨天没睡好觉。 나는 어제 잠을 잘 자지 못했다.

(2) 결과보어 完

'동사+完'은 '일이 끝났음'을 나타낸다.

 예 我吃完饭了。 나는 밥을 다 먹었다.

  我们看完电影了。 우리는 영화를 다 봤다.

(3) 결과보어 到

'동사+到'은 '결과적으로 목적을 달성하였음'을 나타낸다.

 예 我找到护照了。 나는 여권을 찾았다.

  买到飞机票了。 나는 비행기표를 구입했다.

(4) 결과보어 惯

'동사+惯'은 '습관이 되다', '익숙해지다'의 뜻을 내타낸다.

 예 我已经吃惯韩国菜了。 나는 한국 음식을 먹는 것에 익숙해졌다.

 예 我在新罗酒店住惯了，所以每次来韩国都住新罗酒店。

  나는 신라호텔에 묵는 것이 익숙해져서 매번 한국에 올 때마다 신라호텔에서 묵는다.

자주 쓰는 표현(常用句型) (CD 09)

1. 我能帮您什么忙吗? 제가 좀 도와드릴 수 있을까요?
   Wǒnéngbāngnínshénmemángma?

2. 请问您有预订吗? 실례지만 예약하셨습니까?
   Qǐngwènnínyǒuyùdìngma?

3. 请这边走。 이쪽으로 오십시오.
   Qǐngzhèbiānzǒu。

4. 您预订了今天的一个豪华间，预计住一天。
   Nínyùdìnglejīntiāndeyígeháohuájiān, yùjìzhùyìtiān。
   손님께서는 오늘 룸으로 디럭스룸 하나를 예약하셨고 1일 묵을 예정입니다.

5. 非常感谢! 대단히 감사합니다!
   Fēichánggǎnxiè!

6. 不用谢! 별말씀을요!
   Búyòngxiè!

7. 祝您度过愉快的时间! 즐거운 시간 되세요!
   Zhùníndùguòyúkuàideshíjiān!

8. 请出示一下您的护照。 여권 좀 보여주십시오.
   Qǐngchūshìyíxiàníndehùzhào。

9. 请收好您的护照。 여권을 잘 받아두십시오.
   Qǐngshōuhǎoníndehùzhào。

10. 请稍等。我帮您确认一下。 잠깐만 기다려주세요. 제가 확인해 드리겠습니다.
Qǐngshāoděng。Wǒbāngnínquèrènyíxià。

11. 您能告诉我你们团队的名称吗? 단체 명칭을 알려주시겠습니까?
Nínnénggàosùwǒnǐmentuánduìdemíngchēngma?

12. 这是你们的早餐券。餐厅在三楼。
Zhèshìnǐmendezǎocānquàn。Cāntīngzàisānlóu。
이것은 아침식권입니다. 식당은 3층에 있습니다.

플러스 단어

公司 gōngsī 회사

客人 kèrén 손님

免费 miǎnfèi 무료

入住 rùzhù 체크인

退房 tuìfáng 체크아웃

请勿打扰 qǐngwùdǎrǎo 방해하지 마십시오.

연습(练习)

1. 다음 회화를 완성해 보세요.

(1) 服务员：您好！欢迎光临 _____。请问有什么可以帮您吗？

客　人：我要 _____酒店。

服务员：请问您有 _____吗？

客　人：有的，我 _____王娟。

(2) 服务员：李先生，您预订了今天的一个 _____，预计住 _____。

客　人：是的。

服务员：李先生，请您 _____您的护照。

客　人：好的。

2. 제시된 단어가 들어갈 정확한 위치를 찾아보세요.

(1) 我A帮B您什么C忙D吗？(能)

(2) A请问B您C有D吗？(预订)

(3) A请B这C边D。(走)

(4) 您A预订了B今天的一间C豪华间，预住D。(一天)

(5) 祝A您B愉快C的D时间！(度过)

(6) 请A您B出示C您的D护照。(一下)

(7) 请A收B您的C护照D。(好)

(8) 请稍等。A我B帮C您D一下。(确认)

(9) 您A能B我你们团队C的名称D吗？(告诉)

(10) 这是A你们的B早餐券。C餐厅D三楼。(在)

3. 다음 제시된 단어들을 어순에 맞게 문장으로 완성해 보세요.

(1) 光临　乐天酒店　欢迎

　　_____。

(2) 名单　是　这　团队　我们　的

　　_____。

(3) 需要　吗　您　叫早服务

　　_____？

(4) 是　早餐券　这　您　的

　　_____。

(5) 三楼　在　餐厅

　　_____。

(6) 钥匙　是　这　房间　的

　　_____。

(7) 时间　您　度过　祝　的　愉快

　　_____！

고전명구(古典名句)

本是同根生，相煎何太急(Běnshìtónggēnshēng, xiāngjiānhétàijí)。

본디 한 뿌리에서 태어났건만, 어찌 이리도 급히 볶아대는가.

용법: 주로 형제 동료 및 동족지간에 불화와 모순이 있을 경우 중재하고 말리는 입장에서 하는 말이다. 三国·魏·曹植《七步诗》

■ 미니중국상식

중국어의 외래어

　한국어는 원음을 고려하는 차원에서 대부분 음역을 하는 데 비해, 중국어는 단순히 음역한 어휘의 비율은 높지 않고, 대부분 의역(意译)을 결합한 방식을 취하고 있다. 이처럼 중국어의 외래어는 상용 단어 구성법(构成法)이나 중국어와 근사한 단어 구성법으로 만들어진다. 이렇게 번역을 통해 만들어진 단어들은 표의문자(表意文字)의 작용으로 지식 정도가 높지 않은 사람들도 빨리 보고 의미를 파악할 수 있게 된다. 예를 들면, 电视(TV), 电脑(컴퓨터), 方便面(라면) 등이 있다.

　한자로 신조어를 만들 때에는 고유명사든 아니든 긍정적인 뜻을 가진 글자를 선택할 수도 있고, 부정적인 뜻을 가진 글자를 선택할 수도 있다. 하지만 외래어를 번역하여 그 뜻이 적절하지 않다고 생각하면 그것을 다시 만들기도 한다. 예를 들면 처음에 인터넷을 '因特网'으로 번역했으나 그 단어가 인터넷이라는 뜻을 반영하지 못하여 다시 '互联网'으로 바꿔서 사전에 수록하기도 했다. 또한 미국의 코카콜라가 최초로 중국에 진출할 당시 음역을 하여 '蝌蝌肯蜡'라는 이름으로 번역되어 중국시장에 진출했다. 하지만 그 이름은 중국에서 그다지 호응을 얻지 못했다. 하여 코카콜라 회사는 다시 350파운드의 상금을 걸고 이 상품에 대한 중국어 이름을 공모했다. 당시 영국에 있던 장이(将彝)라는 중국인이 '可口可乐(맛있고 즐겁다)'라는 이름으로 응모하여 채택되었다고 한다. 이후 코카콜라는 중국에서 '可口可乐'라는 이름으로 널리 알려지며 현재에 이르기까지 대성공을 거두게 되었다. '可口可乐'는 영어의 음을 살렸을 뿐만 아니라, 중국인들이 선호할 만한 함축된 뜻도 포함되어 있어 자타가 공인하는 가장 번역이 잘된 브랜드이름으로 알려져 있다. 이처럼 외래어 번역은 성패를 좌우할 정도로 중요하다.

PART 2

프런트 오피스 前台服务

짐 보관 行李寄存
비즈니스센터 商务中心
안내서비스 咨询服务
체크아웃 办理退房手续

第四课

行李寄存

짐 보관

第四课 行李寄存 짐 보관

我想寄存行李。 짐을 맡기려고 합니다

生词

새로운 단어 (CD 10)

想	xiǎng	[동]	생각하다, …하고 싶다, …하려고 하다
寄存	jìcún	[동]	맡겨두다, 보관시키다
些	xiē	[양]	조금, 약간
一共	yígòng	[부]	모두, 전부, 합계
件	jiàn	[양]	건, 개(일·사건 등을 세는 데 사용)
行李	xíngli	[명]	짐, 여행짐, 수화물
大概	dàgài	[부]	아마(도), 대개, 대략
时候	shíhou	[명]	때, 시각, 무렵
取	qǔ	[동]	취하다, 찾다
以后	yǐhòu	[명사]	이후, 금후
填写	tiánxiě	[동]	(일정한 양식에) 써넣다, 기입하다
保管	bǎoguǎn	[동]	보관하다
麻烦	máfan	[형]	귀찮다, 성가시다, 번거롭다
没错	méicuò	[형]	틀림없다, 맞다[긍정을 나타냄]

课文

맛있는 본문 (CD 11)

服务员: 您好，有什么可以帮您吗?
Nínhǎo, yǒushénmekěyǐbāngnínma?

客人: 我想寄存这些行李。
Wǒxiǎngjìcúnzhèxiēxínglǐ。

服务员: 好的，一共是三件对吗?
Hǎode, yígòngshìsānjiànduìma?

客人: 对。
Duì。

服务员: 请问，您大概什么时候来取?
Qǐngwèn, níndàgàishénmeshíhouláiqǔ?

客人: 两个小时以后来取。
Liǎnggexiǎoshíyǐhòuláiqǔ。

服务员: 好的，请您填写一下'行李寄存卡'好吗?
Hǎode, qǐngníntiánxiěyíxià'xínglǐjìcúnkǎ'hǎoma?

客人: 好的。
Hǎode。

服务员: 请您保管好'行李寄存卡'。
Qǐngnínbǎ'oguǎnhǎoxínglǐjìcúnkǎ`。

客人: 谢谢!
Xièxie!

服务员: 不客气!
Búkèqi!

取行李(짐 찾기)

服务员: 您好！请问有什么可以帮您吗?
Nínhǎo! Qǐngwènyǒushénmekěyǐbāngnínma?

客人: 我想取一下寄存的行李。
Wǒxiǎngqǔyíxiàjìcúndexínglǐ。

服务员: 好的, 麻烦您出示一下您的'行李寄存卡'。
Hǎode, máfannínchūshìyíxiànínde`xínglǐjìcúnkǎ`。

客人: '行李寄存卡'在这儿。
`Xínglǐjìcúnkǎ`zàizhèr。

服务员: 好的, 请稍等。……您看是这件行李吗?
Hǎode, qǐngshāoděng。……Nínkànshìzhèjiànxínglǐma?

客人: 是的。
Shìde。

服务员: **请您再确认一下。**
Qǐngnínzàiquèrènyíxià。

客人: **对，没错。**
Duì，méicuò。

服务员: **请问还有什么可以帮您吗？**
Qǐngwènháiyǒushénmekěyǐbāngnínma？

客人: **没有了。谢谢。**
Méiyǒule。Xièxie。

服务员: **不用谢。再见！**
Búyòngxiè。Zàijiàn！

客人: **再见！**
Zàijiàn！

주요 어법 및 표현

■ 동량보어

동량보어는 동사 뒤에서 동작 행위가 진행되는 횟수를 나타낸다. 기본 어순은 '주어+동사+동량보어+목적어' 형태를 취한다.

> 我想去一趟北京。 나는 북경에 한번 가보고 싶다.
>
> 请您再确认一下。 한 번 더 확인해 주세요.
>
> 我们一起吃(一)顿饭吧。 우리 함께 밥 한 끼 먹자.

대명사 목적어를 동반하는 경우: 주어+동사+대명사 목적어+동량보어

> 我见过他一次。 나는 그를 한 번 만난 적이 있다.

■ 시량보어

시량보어는 동작이나 상태가 지속된 시간을 나낸다. 문형은 주로 '주어+술어+시량보어'의 형태를 취한다.

> 我睡了六个小时。 나는 6시간을 잤다.

명사 목적어를 동반하는 경우 주로 '주어+동사+목적어+동사+시량보어' 또는 '주어+동사+시량보어+的+목적어'의 형태를 취한다.

> 他坐飞机坐了3个小时。 그는 비행기를 3시간 동안 탔다.
>
> 他坐了3个小时的飞机。 그는 3시간 동안 비행기를 탔다.

대명사 목적어를 동반하는 경우는 '주어+동사+대명사 목적어+시량보어'의
형태를 취한다.

　㉔ 我等你半天了。　나는 너를 한참이나 기다렸다.

　　 我等你等了半天了。　나는 한참 동안 너를 기다렸다.

동작이 한번 완료되면 계속 지속시킬 수 없는 동사 즉 비지속성 동사를 동반
하는 경우 시량보어는 경과된 시간을 의미한다. 이때 주로 '주어+비지속성동사
+목적어+시량보어+了'의 형태를 취한다. 비지속성동사에는 毕业, 到, 来, 去,
下课, 死, 离开 등과 같은 동사가 있다.

　㉔ 我朋友来中国一年了。 나의 친구가 중국에 온 지 1년이 되었다.

자주 쓰는 표현(常用句型) (CD 12)

1. 请问您大约什么时候来取? 실례지만, 언제 찾아가실 예정입니까?
   Qǐngwènníndàyuēshénmeshíhouláiqǔ?

2. 请问您大约什么时候到达酒店?
   Qǐngwènníndàyuēshénmeshíhoudàodájiǔdiàn?
   실례지만, 대략 언제 호텔에 도착하십니까?

3. 请稍等, 我马上去拿。
   Qǐngshāoděng, wǒmǎshàngqùná。
   잠시만 기다려주세요. 제가 곧 가지러 가겠습니다.

4. 麻烦您出示一下您的行李寄存卡。
   Fámannínchūshìyíxiàníndexínglǐjìcúnkǎ。
   '짐 보관카드'를 좀 보여주십시오.

5. 请您再确认一下。 다시 한 번 확인해 주세요.
   Qǐngnínzàiquèrènyíxià。

6. 我能借用一下您的电话吗? 전화 좀 빌려 쓸 수 있을까요?
   Wǒnéngjièyòngyíxiàníndediànhuàma?

7. 请您原谅。 양해해 주세요.
   Qǐngnínyuánliàng。

플러스 단어

是否 shìfǒu …인지 아닌지, 여부

贵重物品 guìzhòngwùpǐn 귀중품

易碎物品 yìsuìwùpǐn 쉽게 깨지는 물품

易燃物品 yìránwùpǐn 인화성 물품

易爆物品 yìbàowùpǐn 폭발하기 쉬운 물품

行李(服务)员 xínglǐ(fúwù)yuán (Bellman) 벨보이

酒店管理 jiǔdiànguǎnlǐ 호텔 관리

연습(练习)

1. 다음 대화를 완성해 보세요.

(1) 服务员: 您好，有什么可以 _____ 您吗?

　　客人: 我想 _____ 这些行李。

　　服务员: 好的， 一共是三件对吗?

　　客人: 对。

(2) 服务员: 请问，您大约 _____ 来取?

　　客人: 大概两个小时 _____ 来取。

　　服务员: 好的，请您 _____ 一下'行李寄存卡'好吗?

　　客人: 好的。

　　服务员: 请您 _____ 好行李寄存卡。

　　客人: 好的。

2. 제시된 단어가 들어갈 정확한 위치를 찾으세요.

(1) 您好! 请问A有B什么C帮D您吗?(可以)

(2) 我A想取B寄存C的行李D。 (一下)

(3) 好的， 麻烦A您B一下C您的D'行李寄存卡'。 (出示)

(4) A请B您C再D一下。 (确认)

(5) 我A能B一下C您的电话D吗?(借用)

(6) 请问A您B大约C到达D酒店?(什么时候)

3. 다음 제시된 단어들을 어순에 맞게 문장으로 완성해 보세요.

(1) 一共　　对　　吗　　三件　　是

_____?

(2) 拿　我　去　马　上

_____。

(3) 寄存卡　　行李　　这儿　　在

_____。

(4) 请　您　行李　寄存　卡　好　保管

_____。

(5) 两个小时　　来　取　　大概　以后

_____。

고전명구(古典名句)

成人不自在，自在不成人(Chéngrénbúzìzài, zìzàibùchéngrén)。

　사람이 무엇인가를 이루려 하면 자유롭고 한가할 수 없고, 자유롭고 한가하려고 하면 무엇인가를 이룰 수 없다.

　용법: 편안하고 여유로운 생활을 꿈꾸지 말고, 열심히 노력해야만 큰일을 이룰 수 있다는 뜻이다. 清·曹雪芹 《红楼梦》

■ 미니중국상식

중국어의 완곡 표현법

중국인들은 다른 외국인들처럼 항상 '감사합니다', '미안합니다'라는 말을 입에 달고 있지는 않다. 중국인들의 감사나 사과의 표현은 상황에 따라 다르다. 접대를 받아 식사를 마친 후에는 "谢谢你的盛情款待。(당신의 성대한 대접에 감사드립니다.)"라고 말하며, 선물을 받게 되면 "让您破费真不好意思。(돈을 쓰게 해서 미안합니다.)" "让您破费真过意不去。(돈을 쓰게 해서 정말 미안합니다.)"라고 말한다. 다른 사람의 도움을 받았을 때는 "让您费心了。(마음 쓰게 했군요.)" "让您受累了。(당신을 피곤하게 했습니다.)"라고 하며, 다른 사람에게 폐를 끼쳤을 때는 "耽误了您不少时间。(당신의 시간을 많이 빼앗았습니다.)"라고 한다. 또한 실례를 했을 때는 "抱歉, 抱歉。(미안합니다, 미안합니다.)" "请多包涵。(양해해 주세요.)"라고 말하며, 말을 잘못했거나 일 처리를 잘못하여 다른 사람을 불쾌하게 했을 때는 "请多担待。(너그럽게 봐주십시오.)"라고 한다. 정말 과분한 잘못을 했을 때는 "实在对不起。(정말 미안합니다.)"라고 말한다.

우리나라 속담인 '말 한마디로 천 냥 빚을 갚는다'는 말처럼 중국인과 교제할 때는 특히 말을 가려서 해야 한다. 비록 중국어는 한국어에 비해 경어가 상대적으로 적지만, 경어는 분명히 존재한다. 중국어는 경어로 보통 "您"를 사용하거나, 영어의 please에 해당하는 '请'을 사용하는데 그 외에 일상 담화에서 적절한 화법을 사용하는 것도 중요하다.

이를테면 '谁(누구)'라기보다는 '您是哪一位?(당신은 누구십니까?)' '再说一遍(다시 한번 더 말해)'보다는 '请再说一遍, 好吗?(다시 한번 말씀해 주시겠습니까?)'라고 하는 것이 더욱 좋다.

第五课

商务中心

비즈니스센터

商务中心 비즈니스센터

我想复印一张文件。 서류 한 장을 복사하려고 합니다

새로운 단어 (CD 13)

复印	fùyìn	[동]	복사하다
张	zhāng	[양]	장[종이 등을 세는 단위]
文件	wénjiàn	[명]	공문, 서류, 파일
原件	yuánjiàn	[명]	원본
给	gěi	[동]	주다, (…에게) …을(를) 주다
份	fèn	[양]	부, 통, 권(신문·잡지·문건 등을 세는 단위)
复印件	fùyìnjiàn	[명]	복사본
打印	dǎyìn	[동]	(프린터로) 인쇄하다, 프린트하다
可以	kěyǐ	[형]	좋다, 괜찮다, 나쁘지 않다
把	bǎ	[개]	목적어를 동사 앞으로 전치하여 처치(处置)를 나타냄

맛있는 **본문** (CD 14)

服务员: 您好! 请问需要什么帮助吗?
Nínhǎo! Qǐngwènxūyàoshénmebāngzhùma?

客人: 我想复印一张文件。
Wǒxiǎngfùyìnyìzhāngwénjiàn。

服务员: 请您把需要复印的原件给我好吗?
Qǐngnínbǎxūyàofùyìndeyuánjiàngěiwǒhǎoma?

客人: 好的, 给您。
Hǎode, gěinín。

服务员: 这是您的复印件, 您看可以吗?
Zhèshìníndefùyìnjiàn, nínkànkěyǐma?

客人: 可以, 多少钱?
Kěyǐ, duōshǎoqián?

服务员: 一百块, 这是原件, 请您收好。
Yìbǎikuài, zhèshìyuánjiàn, qǐngnínshōuhǎo。

客人: 给您钱。
Gěinínqián。

服务员: 谢谢, 再见。
Xièxie, zàijiàn。

주요 어법 및 표현

■ '把'자문

把자문은 개사 '把'를 이용해 목적어를 술어 앞으로 끌어내 동작의 변화, 결과, 영향 등을 강조한다. 어순은 '주어+把+(把의)목적어+술어동사+기타 성분(필수)'이다.

　㉑ 我把那杯咖啡喝了。 그는 커피를 마셨다.

〈'把'자문의 특징〉

⑴ '把'자의 목적어는 화자와 청자가 모두 알고 있는 것이어야 한다.

　　㉑ 请您把需要复印的原件给我好吗?

　　　복사하시려는 원본을 저에게 주시겠습니까?

　　　我把咖啡喝完了。　나는 커피를 다 마셨다.

⑵ '把'자문의 주요 동사는 반드시 사물을 동작의 대상으로 하여, 처리 혹은 지배의 뜻을 지니고 있는 동사여야 한다. 처리 혹은 지배의 뜻을 가지지 않는 동사, 예를 들면 生气, 怕, 认识, 见面, 有, 是, 在, 喜欢, 知道 등은 '把'자문에 쓸 수 없다.

　　㉑ 我把他看见了。(×)　我看见他了。(○) 나는 그를 봤다.

　　　我把学校去。(×)　　我去学校。(○) 나는 학교에 간다.

자주 쓰는 표현(常用句型) (CD 15)

1. 请您把需要复印的原件给我好吗?
   Qǐngnínbǎxūyàofùyìndeyuánjiàngěiwǒhǎoma?
   복사하시려는 원본을 저에게 주시겠습니까?

2. 请问需要复印多少张? 실례지만 복사본 몇 장이 필요하십니까?
   Qǐngwènxūyàofùyìnduōshǎozhāng?

3. 您需要复印多少份? 복사본 몇 부 필요하십니까?
   Nínxūyàofùyìnduōshǎofèn?

4. 这是您的复印件, 您看可以吗?
   Zhèshìníndefùyìnjiàn, nínkànkěyǐma?
   이것은 복사본입니다. 이렇게 하면 되겠습니까?

5. 这是您的原件。 이것은 원본입니다.
   Zhèshìníndeyuánjiàn。

6. 请收好原件。 원본을 잘 챙기십시오.
   Qǐngshōuhǎoyuánjiàn。

7. 我想打印资料。 자료를 프린트하려고 합니다.
   Wǒxiǎngdǎyìnzīliào。

플러스 단어(사무기기)

复印机 fùyìnjī 복사기

打印机 dǎyìnjī 프린터

电脑 diànnǎo 컴퓨터

复印纸 fùyìnzhǐ 복사용지

打印 dǎyìn (프린터로) 인쇄하다, 프린트하다

연습(练习)

1. 제시된 단어를 활용하여 다음 대화를 완성해 보세요.

   (1) 我想 _____。(复印)

   (2) 我想 _____。(打印)

   (3) 请 _____。(收好)

   (4) 复印一张 _____? (多少)

   (5) 请问 _____吗? (需要)

2. 다음 문장을 중국어로 옮겨보세요.

   (1) 실례지만 몇 부를 복사하시겠습니까?

   _____?

   (2) 저는 자료를 프린트하려고 합니다.

   _____。

   (3) 복사가 필요한 원본을 저에게 주시겠습니까?

   _____?

   (4) 이것은 복사하려는 원본입니다.

   _____。

■ 미니중국상식

중국의 명절 1 - 춘절

　춘절은 중국 최대의 명절로 음력 1월 1일을 말한다. 춘절(春节)은 중국의 오랜
역사를 지닌 새해맞이 명절이자 봄맞이 축제로, 중국 문화권의 가장 성대한 명절
이다. 한국의 음력설과 같은 춘절은 새해의 첫날이라 하여 신년(新年)이라고도 한
다. 한 해의 마지막 날과 새해 첫날을 아울러 설 명절을 지낸다는 의미로 꿔니앤
(过年)이라는 말을 사용하기도 한다. 공식적인 춘절 연휴는 1주일이지만 한 달 동
안 휴일을 갖는 기업들도 있다.

　춘절인 명절기간에는 집집마다 대문에 축복의 시구를 적은 춘롄(春联)과 복(福)이
라는 글자가 쓰인 종이를 붙인다. 특히 '복(福)'자는 거꾸로 붙여놓은 것을 흔히 볼
수 있는데 '거꾸로 되다'라는 의미의 '따오(倒)'와 '도착하다'라는 '到'가 발음이 같
으므로 '복이 들어온다(福到了)'는 뜻이 되기 때문이다. 또한 실내에는 봄을 맞는 기
쁨을 표현하고 가정의 평화를 기원하는 녠화(年画)를 걸어둔다.

　춘절의 전날 밤에는 온 가족이 둘러앉아 만두를 빚고 저녁을 먹고 밤을 지새운
다. 이때 먹는 저녁을 녠예판(年夜饭)이라 하며, TV를 보거나 환담을 나누며 밤을
지새는 것을 쓰어우수이(守岁)라 부른다. 새해로 넘어가는 순간인 자정이 되면, 천
지를 뒤흔드는 폭죽(鞭炮) 소리가 춘절을 알린다. 요란한 폭죽 소리는 사악한 귀신
을 쫓는다는 의미를 넘어서, 명절 분위기를 한껏 고취시키는 역할을 한다. 하지만
폭죽이 공기를 오염시키고 화재를 유발하며 사람들에게 상처를 입히는 등 폐해가
커짐에 따라, 요즘 대부분의 대도시에서는 사용을 금지하거나 사용을 자제하는 분
위기이다. 설날 아침이 되면 한국과 마찬가지로 조상에게 차례를 지낸 후 친지나
가까운 사람을 찾아 세배를 한다. 덕담을 주고받으며 세뱃돈을 전하는 것도 한국
문화와 비슷하다. 세뱃돈은 야쑤이치앤(压岁钱)이라는 빨간 봉투(红包)에 넣어서
준다. 또한 명절 동안 풍족한 한 해를 바라며 '남다, 여유롭다'라는 뜻을 가진 '余'
와 발음이 같은 생선(鱼)요리를 먹고, 끊임없는 발전(高)을 기원하며 떡(年糕)을 먹
기도 한다. 정월보름은 원소절(元宵节)로 북방지역에서는 위앤쇼우(元宵)를 남방에
서는 탕위안(汤圆)을 먹는다.

　춘절 분위기는 원소절까지 이어진다. 명절 동안 각종 민속놀이들이 진행되며,
가장 일반적인 민속놀이로는 사자탈춤(舞狮子)이 있다. 그 외에 용등춤(耍龙灯),
장대다리(踩高跷 또는 高跷秧歌) 등 특색 있는 민속놀이를 한다.

第六课

咨询服务

안내서비스

第六课 咨询服务 안내서비스

我想去明洞，不知道从酒店怎么走。

제가 명동에 가려고 하는데 어떻게 가야 할지 모르겠어요

새로운 단어 (CD 16)

明洞	míngdòng	[고명]	(한국)명동
知道	zhīdào	[동]	알다, 이해하다
从	cóng	[개]	~부터, ~을 기점으로
坐	zuò	[동]	앉다, (교통도구를) 타다
线	xiàn	[명]	줄 선, (교통)노선
地铁站	dìtiězhàn	[명]	지하철역
下车	xià chē	[동]	하차하다, 차에서 내리다
出口	chūkǒu	[명]	출구
出去	chūqu	[동]	나가다
就	jiù	[부]	곧, 즉시, 바로
附近	fùjìn	[명]	부근, 근처, 인근, 가까운 곳
卡西诺赌场	kǎxīnuòdǔchǎng	[명]	카지노

左右	zuǒyòu	[명]	가량, 내외, 쯤
华克山庄	huákèshānzhuāng	[명]	워커힐(호텔)
拉斯维加斯	lāsīwéijiāsī	[고명]	라스베이거스(라스베가스)
式	shì	[명]	양식, 모양, 스타일
外国人	wàiguórén	[명]	외국인
专用	zhuānyòng	[동]	전용하다
黑杰克	hēijiékè	[명]	(게임)블랙잭(Blackjack)
百家乐	bǎijiālè	[명]	(게임)바카라
大转盘	dàzhuànpán	[명]	(게임)빅휠
斗大小	dòudàxiǎo	[명]	(게임)카지노워(Casino war)
游戏	yóuxì	[명]	게임, 놀이
配备	pèibèi	[동]	배치하다, 갖추다
桌子	zhuōzi	[명]	탁자, 테이블
台	tái	[양]	(기계·차량·설비 등을 세는) 대
老虎机	lǎohǔjī	[명]	슬롯머신(Slot machine)

服务员: 您好，请问需要什么帮助吗？
Nínhǎo, qǐngwènxūyàoshénmebāngzhùma?

客人: 我想去明洞，不知道从酒店怎么走。
Wǒxiǎngqùmíngdòng, bùzhīdàocóngjiǔdiànzěnmezǒu。

服务员: 您坐2号线地铁到明洞站下车后，
Nínzuòèrhàoxiàndìtiědàomíngdòngxiàchēhòu,

从6号出口出去就是。
Cóngliùhàochūkǒuchūqùjiùshì。

客人: 是吗？谢谢！
Shìma? xièxie!

服务员: 还有需要我帮忙的吗？
Háiyǒuxūyàowǒbāngmángma?

客人: 没有了，谢谢！
Méiyǒule, xièxie!

服务员: 祝您愉快，再见。
Zhùnínyúkuài, zàijiàn。

客人: 再见。
Zàijiàn。

服务员：您好！
　　　　Nínhǎo!

客人：您好！请问附近有卡西诺赌场吗？
　　　Nínhǎo! Qǐngwènfùjìnyǒukǎxīnuòdǔchǎngma?

服务员：有，坐车走三十分钟左右
　　　　Yǒu, zuòchēzǒusānshífēnzhōngzuǒyòu

　　　　就有华克山庄乐园娱乐场。
　　　　jiùyǒuhuákèshānzhuānglèyuányúlèchǎng。

客人：华克山庄乐园娱乐场都有什么游戏？
　　　Huákèshānzhuānglèyuányúlèchǎngdōuyǒushénmeyóuxì?

服务员：华克山庄乐园娱乐场
　　　　huákèshānzhuānglèyuányúlèchǎng

　　　　是拉斯维加斯式外国人专用赌场，
　　　　shìlāsīwēijiāshìwàiguórénzhuānyòngdǔchǎng,

　　　　有黑杰克，百家乐，大转盘，斗大小等各种游戏，
　　　　Yǒuhēijiékè, bǎijiālè, dàzhuànpán, dòudàxiǎoděnggèzhǒngyóuxì,

　　　　配备79张桌子和160台老虎机。
　　　　pèibèiqīshíjiǔzhāngzhuōzihéyìbǎiliùshítáilǎohǔjī。

客人：是吗？那我得去看一看。谢谢！
　　　Shìma? Nàwǒděiqùkànyikàn。Xièxie!

服务员：不用谢。
　　　　Búyòngxiè。

주요 어법 및 표현

■ 조동사(能愿动词) '能'과 '会'

1. 조동사 能

조동사 '能'은 어떤 능력이나 가능성을 지니고 있음을 나타낸다.

ㅇ예 你能吃辣的吗? 당신은 매운 것을 먹을 수 있어요?

这本书什么时候能出版? 이 책은 언제 출판될 수 있습니까?

2. 조동사 会

학습을 통해서 어떤 기능을 숙달하거나 정통하게 되었음을 나타낸다. 즉 배워서 '~를 할 줄 안다', '~를 할 수 있다'의 뜻으로 부정형은 조동사 '会' 앞에 不가 온다.

ㅇ예 我会说汉语。 나는 중국어를 할 수 있다.

他会开车。 그는 차를 운전할 줄 안다.

我不会游泳。 나는 수영을 할 줄 모른다.

'~할 가능성이 있다', '~할 것이다' 등의 뜻으로 가능성을 나타낸다. 물음에 대답할 때 '会' 혹은 '不会'로 단독으로 대답할 수 있다.

ㅇ예 A: 今天会下雨吗? 오늘 비가 올까요?

B: 不会。 아니요.

자주 쓰는 표현(常用句型) (CD 18)

1. 还有需要我帮忙的吗? 저의 도움이 더 필요하십니까?
   Háiyǒuxūyàowǒbāngmángdema?

2. 我想去明洞，不知道从酒店怎么走。
   Wǒxiǎngqùmíngdòng, bùzhīdàocóngjiǔdiànzěnmezǒu。
   제가 명동에 가려고 하는데 어떻게 가야 하는지 모르겠습니다.

3. 请问附近有卡西诺赌场吗? 실례지만 근처에 카지노게임장이 있나요?
   Qǐngwènfùjìnyǒukǎxīnuòdǔchǎngma?

4. 祝您愉快，再见。 즐거운 시간 되세요. 안녕히 가세요.
   Zhùnínyúkuài, zàijiàn。

플러스 단어

加勒比海扑克 jiālèbǐhǎipúkè 캐리비안 스터드포커(Caribbean Stud Poker)

德州扑克 dézhōupúkè 텍사스 홀덤포커(Texas Hold'em Poker)

百家乐 bǎijiālè 바카라(Baccarat)

21点èrshíyīdiǎn(又名黑杰克) 블랙잭(Blackjack)

3张扑克 sānzhāngpúkè 3카드포커(Three card poker)

轮盘 lúnpán 룰렛(Roulette)

麻将 májiàng 마작

연습(练习)

1. 단어를 선택하여 빈칸을 채워보세요.

(1) 您好，请问 _____什么帮助吗?

　　A需要　　B想　　C怎么　　D能

(2) 我想去明洞，不知道从酒店 _____走。

　　A什么　　　B谁　　C多少　　　D怎么

(3) 您可以坐2号线地铁到明洞站下车后，从6号出口 _____就是。

　　A进去　　　B出去　　C进来　　D回来

(4) 华克山庄乐园娱乐场是卡西诺赌场，_____拉斯维加斯式外国人专用赌场。

　　A还是　　　B可是　　C也是　　　D要是

(5) 华克山庄乐园娱乐场是卡西诺赌场，有黑杰克，百家乐，大转盘，比大小
　　____各种游戏。

　　A等　　　B有　　　C是　　　D在

(6) 卡西诺赌场 _____79张桌子和160台老虎机。

　　A喜欢　　　B附近　　　C专用　　　D配备

2. 제시된 단어가 들어갈 정확한 위치를 찾으세요.

(1) 我想A去B明洞，C不知道从酒店D走?(怎么)

(2) 您好! A请问B有C娱乐场所D吗?(附近)

(3) A是吗? B那我C去D看一看。(得)

(4) 华克山庄乐园娱乐场A是卡西诺赌场，也是B拉斯维加斯式C外国人D赌场。
　　(专用)

3. 다음 제시된 단어들을 어순에 맞게 문장으로 완성해 보세요.

(1) 娱乐场所　　附近　有　请问　　吗

_____?

(2) 我　一　看　看　得　去

_____。

(3) 6号出口　从　就是　出去

_____。

(4) 外国人　华克山庄卡西诺赌场　专用　是　赌场

_____。

(5) 我　还有　需要　帮忙的　吗

_____?

🔵 **고전명구**(古典名句)

独在异乡为异客，每逢佳节倍思亲。
(Dúzàiyìxiāngwéiyìkè, měiféngjiājiébèisīqīn。)

홀로 타향에 있는 외로운 객이 되니, 매번 즐거운 명절이 되면 가족 생각 더욱 간절해지네.

용법: 명절에 멀리 있는 가족을 그리워하는 마음을 토로할 때 쓰인다. 唐·王 维《九月九日忆山东兄弟》

■ 미니중국상식

중국의 명절 2 - 중추절

중국의 중추절은 한국의 추석과 마찬가지로 음력 8월 15일이다. 음력 7, 8, 9월 중 8월이 가을의 중간이고 15일이 8월의 중간이므로, 가을의 한가운데라는 의미에서 중추절(中秋节 또는 仲秋节)이라 부른다. 민간에서는 추석(秋夕), 8월절(八月节), 월석(月夕) 등으로 부르기도 한다.

옛날 제왕들은 봄에는 해에게, 가을에는 달에게 제사를 지냈다. 민간에서도 중추절에 달에게 제사를 지내는 풍습이 있었지만, 지금은 달에게 제사를 지내는 것보다는 달구경을 하는 것이 중요한 행사가 되고 있다. 하여 중추절이 되면 중국인들은 온 가족이 모여서 월병을 먹으며 밝은 달을 감상한다. 월병은 둥근 달 모양을 닮아 화합과 단결을 상징한다. 또한 생활이 원만하고 매사 순조롭기를 바라는 마음을 담고 있다.

중국은 2008년부터 중추절(仲秋节)을 춘절(春节), 청명절(清明节), 단오절(端午节)과 함께 국가법정휴일로 제정했다.

中秋节 Zhōngqiūjié 추석, 月饼 yuèbǐng 월병, 松饼 sōngbǐng 송편, 赏月 shǎngyuè 달을 감상하다.

第七课

체크아웃

办理退房手续

第七课　办理退房手续 체크아웃

我要退房。 저는 체크아웃하려고 합니다

生词
새로운 단어 (CD 19)

退房	tuìfáng	[동]	(호텔용어) 체크아웃하다
迷你巴	mínǐbā	[명]	(호텔 객실의) 소형 냉장고, 미니 바
电冰箱	diànbīngxiāng	[명]	전기냉장고, 냉장고
里	lǐ	[명]	안, 속, 가운데, 내부
含	hán	[동]	포함하다, 함유하다
韩币	hánbì	[명]	한국 화폐, 한국 돈
刷卡	shuākǎ	[동]	카드로 결제하다
当然	dāngrán	[부사]	당연히, 물론
信用卡	xìnyòngkǎ	[명]	신용카드
签名	qiānmíng	[동]	서명하다
收据	shōujù	[명]	영수증

课文

맛있는 **본문** (CD 20)

服务员: 您好，请问有什么可以帮您的吗？
Níhǎo, qǐngwènyǒushénmekěyǐbāngníndema?

客人: 我要退房。
Wǒyàotuìfáng。

服务员: 您的房间号码是多少？
Níndefángjiānhàomǎshìduōshǎo?

客人: 715号房间，这是我的房卡。
Qīyāowǔhàofángjiān, zhèshìwǒdefángkǎ。

服务员: 请问，您有没有喝迷你巴和电冰箱里的饮料？
Qǐngwèn, nínyǒuméiyǒuhēmínǐbāhédiànbīngxiānglǐdeyǐnliào?

客人: 没喝。
Méihē。

服务员: 好的，请稍等…
Hǎode, qǐngshāoděng…

您从5号到8号一共住了四天。
Níncóngwǔhàodàobāhàoyígòngzhùlesìtiān。

含早餐一共是四十六万元。
Hánzǎocānyígòngshìsìshíliùwànyuán。

客人: 可以刷卡吗?
Kěyǐshuākǎma?

服务员: 当然可以。
Dāngránkěyǐ。

客人: 这是我的信用卡。
Zhèshìwǒdexìnyòngkǎ。

服务员: 请签名。
Qǐngqiānmíng。

客人: 好的。
Hǎode。

服务员: 这是收据。
Zhèshìshōujù。

客人: 谢谢。
Xièxie。

服务员: 不客气。欢迎下次再次光临。再见。
Búkèqi。Huānyíngxiàcìzàicìguānglín。Zàijiài。

客人: 再见。
Zàijià。

주요 어법 및 표현

■ 방향보어 Ⅰ – 단순방향보어

동작·행위의 방향이나 일·상황의 진전·발전 등을 나타내는 문장 구성 성분 즉 동작의 방향을 나타내는 보어를 '방향보어'라고 한다. '방향보어'에는 '단순 방향보어'와 '복합방향보어'가 있다.

'단순방향보어'는 한 글자로 된 방향보어를 말한다. 단순방향보어로는 来, 去, 上, 下, 进, 出, 回, 过, 起, 开 등이 있는데 그중 来, 去가 가장 많이 쓰인다.

⑩ 他们都进去了，你快进去吧。그들은 모두 들어갔으니, 너도 빨리 들어가.

　　坐下休息休息吧。앉아서 좀 쉬어라.

목적어가 있는 경우 목적어는 단순방향보어 뒤에 와야 한다.

⑩ 我家来了一位客人。우리 집에 손님 한 분이 오셨다.

　　我爱上了中国文化。나는 중국문화를 사랑하게 되었다.

　　他很快想出了一个好方法。그는 곧바로 한 가지 좋은 방법을 생각해냈다.

　　他又买回很多书。그는 또 많은 책을 사가지고 돌아왔다.

　　走过图书馆后面的那条路，就是教室。

　　도서관 뒤의 그 길을 지나면 바로 교실이다.

1. 先生，您要退房吗? 선생님, 체크아웃하시겠습니까?
   Xiānsheng, nínyàotuìfángma?

2. 请带好您的行李物品。 당신의 소지품을 잘 챙기시기 바랍니다.
   Qǐngdàihǎoníndexínglǐwùpǐn。

3. 需要帮您提行李吗? 짐을 들어드릴까요?
   Xūyǎobāngníntíxínglǐma?

4. 感谢您下塌我们酒店。 저의 호텔에 투숙해 주셔서 감사합니다.
   Gǎnxiènínxiàtàwǒmenjiǔdiàn。

5. 我们期望您再次光临! 다음에 다시 왕림해 주시기를 바랍니다!
   Wǒmenqīwàngnínzàicìguānglín!

6. 祝您旅途愉快! 즐거운 여행 되시기를 바랍니다!
   Zhùnínlǚtúyúkuài

연습(练习)

1. 다음 대화를 완성해 보세요.

  (1) A : 您的 _____是多少?

      B : 816号房间，这是 _____。

  (2) A : 可以 _____吗?

      B : 当然 _____。

  (3) A : 欢迎下次再次 _____。 再见。

      B : _____。

2. 괄호 안의 단어가 들어갈 위치를 찾아보세요.

  (1) 这A我B的C房卡D。(是)

  (2) 您A有没有B喝迷你巴C电冰箱里的D饮料?(和)

  (3) 含A早餐B是C四十六万D元。 (一共)

  (4) A欢迎B下次C光临D。 (再次)

고전명구(古典名句)

精诚所至，金石为开(Jīngchéngsuǒzhì, jīnshíwéikāi)。

정성이 지극하면, 금석도 가른다.

용법: ① 다른 사람에 대한 지극한 정성이 그 사람을 감동시키는 힘을 낳는다
는 것을 설명한다.

② 진심으로 열심히 노력하기만 하면 어떤 어려운 문제도 다 해결된다
는 것을 설명한다.

南朝·宋·范晔《后汉书·广陵思王荆传》

■ 미니중국상식

중국의 명절 3 – 단오절

중국의 단오절은 음력 5월 5일이다. 춘추전국시대에 시작된 단오절은 약 2천여 년의 역사를 가진 중국의 전통 명절이다. 단오절(端午节)은 단오절(端五节), 단양절(端阳节), 중오절(重五节)이라고도 한다.

단오절에는 용선경기(赛龙舟)를 하고 쫑즈(棕子)라는 음식을 먹는다. 쫑즈(棕子)는 멱라강(汨罗江)에 몸을 던진 굴원을 기리기 위한 행사에서 유래된 것으로 찹쌀 속에 대추, 땅콩, 고기 등을 넣고 대나무 잎으로 싸서 쪄낸 음식이다.

굴원은 전국시대(战国时代) 초(楚)나라의 시인으로서, 여러 차례 초회왕(楚怀王)에게 부패를 청산하고 국시(国是)를 바로잡기를 요구하다가 먼 곳으로 유배를 당했다. 유배지에서도 늘 나라와 백성을 걱정하며 조국과 백성에 대한 근심을 담은 이소(离骚), 천문(天问), 구가(九歌) 등 불혹의 시편을 남겼다. 또한 초나라의 수도가 진(秦)나라에 의해 함락되었다는 소식을 듣고 비통해 한 나머지 멱라강(汨罗江)에 몸을 던져 스스로 목숨을 끊었다. 그날은 음력 5월 5일이었다. 굴원이 멱라강에서 자살하였다는 소식을 들은 백성들은 애통해 하며 배를 타고 굴원의 시신을 찾아 나섰고, 물고기들이 굴원의 시신을 해치지 못하게 하기 위해 음식물을 강물에 던졌다. 이후 사람들은 굴원을 기리기 위해 매년 음력 5월 5원이 되면 강에 배를 띄우고, 대나무통에 찹쌀을 넣어 강에 던졌다. 여기에서 용선경기와 쫑즈가 발전되어 오늘날의 단오풍습으로 전해지고 있다.

중국은 2006년 5월 단오절에 관한 4개 지역의 풍습을 국가급(国家级) 무형문화제(非物质文化遗产)로 지정했다. 그 후 2009년 9월 30일 중국 단오절(端午节)은 유네스코 지정 세계무형문화재(世界非物质文化遗产)에 등재되었다.

PART

3

객실서비스 客房服务

第八课
객실교체
换房间

第八课　换房间 객실교체

我要换房间。 방을 바꿔주세요

새로운 단어 (CD 22)

空调	kōngtiáo	[명]	에어컨
凉快	liángkuai	[형]	시원하다, 서늘하다
热	rè	[형]	덥다, 뜨겁다
换	huàn	[동]	바꾸다, 교환하다, 교체하다
抱歉	bàoqiàn	[동]	미안해 하다, 죄송해 하다
带来	dàilái	[동]	가져오다, 가져다주다, 초래하다
不便	búbiàn	[형]	불편하다
这样	zhèyàng	[대명]	이렇다, 이와 같다, 이렇게
制作	zhìzuò	[동]	제작[제조]하다, 만들다
新	xīn	[형]	새롭다, 새것의
变更	biàngēng	[동]	변경하다, 바꾸다, 고치다
通知单	tōngzhīdān	[명]	통지서
搬运	bānyùn	[동]	운송[수송]하다, 운반하다
深表歉意	shēnbiǎoqiànyì	[동]	깊이 미안한 마음을 표하다

课文

맛있는 본문 (CD 23)

服务员: 您好，有什么可以帮您的吗?
Nínhǎo, yǒushénmekěyǐbāngníndema?

客人: 我是8202号房间的客人，
Wǒshìbāèrlíngèrhàofángjiāndekèrén,

我的房间空调不凉快，我要换房间。
Wǒdefángjiānkōngtiáobùliángkuai, wǒyàohuànfángjiān。

服务员: 很抱歉，给您带来了不便，请稍等。……
Hěnbàoqiàn, gěiníndàiláilebúbiàn, qǐngshāoděng。……

我现在为您换到8211号房间，您看可以吗?
Wǒxiànzàiwèinínhuàndàobāèryāoyāohàofángjiān, nínkàikěyǐma?

客人: 可以。
Kěyǐ。

服务员: 请出示您的房卡，我为您制作新的房卡。
Qǐngchūshìníndefángkǎ, wǒwèinínzhìzuòxīndefángkǎ。

客人: 给您，这是我的房卡。
Gěinín, zhèshìwǒdefángkǎ。

服务员: 请您在'变更通知单'上签名。
Qǐngnínzài`biàngēngtōngzhīdān'shàngqiānmíng。

客人: 好的。
Hǎode。

服务员: 这是您的新房卡，请收好。需要为您搬运行李吗?
Zhèshìníndexīnfángkǎ, qǐngshōuhǎo。Xūyàowèinínbānyùnxínglǐma?

客人: 不用了，谢谢。
Búyòongle, xièxie。

服务员: 不客气，给您带来了不便我们深表歉意。
Búkèqi, gěiníndàiláilebúbiànwǒmenshēnbiǎoqiànyì。

주요 어법 및 표현

■ 방향보어 Ⅱ – 복합방향보어

복합방향보어는 동사 뒤에 '来' 혹은 '去'를 붙여서 다른 동사의 보어가 되는 경우를 말한다. 동작이 말하는 사람을 향해 진행되면 '来'를 쓰고, 반대방향으로 진행되면 '去'를 쓴다. 자주 사용하는 복합방향보어는 다음과 같다.

동사+보어(来/去/上下进出回过起)

	上	下	进	出	回	过	起
来	上来	下来	进来	出来	回来	过来	起来
去	上去	下去	进去	出去	回去	过去	

㉢ 他跑出去了。 그는 뛰어 나갔다.

他从酒店里走出来了。 그는 호텔에서 걸어 나왔다.

我看见他跑进去了。 나는 그가 뛰어 들어가는 것을 보았다.

他走进来了。 그가 걸어 들어왔다.

请大家站起来。 여러분, 일어서 주세요.

일부 복합방향보어는 방향뿐만 아니라 뜻이 확장되어 사용되는 경우도 있다. 예컨대 '起来'는 동작이 위로 향함을 나타낼 뿐만 아니라 동작이 시작하여 지속됨을 나타내기도 하고, '下来' 또한 고정시키다, 동작의 정지 또는 정도가 심해

짐 등을 나타내기도 한다. '下去'는 이미 시작되었거나 진행 중인 동작이 지속됨을 뜻한다.

예 天气暖和起来了。 날씨가 따뜻해지기 시작했다.

天色渐渐暗下来了。 날이 점점 어두워졌다.

你说下去，不要停。 계속 말씀하세요. 멈추지 마시고요.

我决定在这个城市住下去。 나는 이 도시에서 계속 살기로 결정했다.

자주 쓰는 표현(常用句型) (CD 24)

1. 我的房间空调不凉快，我要换房间。
   Wǒdefángjiānkōngtiáobùliángkuài, wǒyàohuànfángjiān。
   제 방의 에어컨이 시원하지 않아요. 방을 바꿔주세요.

2. 很抱歉，给您带来了不便。 불편을 드려서 매우 죄송합니다.
   Hěnbàoqiàn, gěiníndàiláilebúbiàn。

3. 请出示您的房卡。 방 카드키를 제시해 주세요.
   Qǐngchūshìníndefángkǎ。

4. 我为您制作新的房卡。 제가 새로운 카드를 만들어드리겠습니다.
   Wǒwèinínzhìzuòxīndefángkǎ。

5. 请您在'变更通知单'上签名。 '변경통지서'에 서명해 주십시오.
   Qǐngnínzài`biàngēngtōngzhīdān`shàngqiānmíng。

6. 吹风机在抽屉里。 헤어드라이어는 서랍 안에 있습니다.
   Chuīfēngjīzàichōutìlǐ。

7. 洗发液和沐浴液在洗手间里。 샴푸와 바디클렌저는 화장실에 있습니다.
   Xǐfàyèhémùyùyèzàixǐshǒujiānlǐ。

8. 桌子上的两瓶矿泉水是免费的。 테이블 위의 생수 두 병은 무료입니다.
   Zhuōzishàngdeliǎngpíngkuàngquánshuǐshìmiǎnfèide。

9. 需要为您搬运行李吗？ 짐을 옮겨드릴까요?
   Xūyàowèinínbānyùnxínglǐma?

10. 给您带来了不便我们深表歉意。 불편을 드린 점 깊이 사과드립니다.
    Gěiníndàiláilebúbiànwǒmenshēnbiǎoqiànyì。

연습(练习)

1. 본문을 참조하여 아래 문장을 완성하세요.

   (1) 我的房间 ＿＿＿＿＿＿＿不凉快，我要换房间。

   (2) 很抱歉，给您带来了 ＿＿＿＿＿＿，请稍等。

   (3) 需要为您 ＿＿＿＿＿＿＿行李吗?

   (4) 请您在'变更通知单'上 ＿＿＿＿＿＿＿＿＿＿＿。

   (5) 桌子上的两瓶矿泉水是 ＿＿＿＿＿＿＿＿＿＿的。

2. 다음 대화를 완성하세요.

   (1) 服务员: 您好，有什么可以帮您的吗?

   客人: 我是8202房间的客人，我的房间 ＿＿＿＿＿＿，我要换房间。

   (2) 服务员: ＿＿＿＿＿＿＿＿＿＿＿，我为您制作新的房卡。

   客人: 给您，这是我的房卡。

   (3) 服务员: 请您在'变更通知单'上 ＿＿＿＿＿＿＿＿＿＿。

   客人: ＿＿＿＿＿＿＿＿＿＿＿＿＿＿。

   (4) 服务员: 这是您的房卡，请＿＿＿＿＿＿。 需要为您＿＿＿＿＿行李吗?

   (5) 客人: ＿＿＿＿＿＿＿＿＿＿＿，谢谢。

3. 다음 문장을 중국어로 옮겨보세요.

   (1) 이곳에 서명 부탁드립니다.

   ＿＿＿＿＿＿＿＿＿＿＿＿＿＿＿＿＿。

   (2) 방 카드키를 제시해 주세요.

   ＿＿＿＿＿＿＿＿＿＿＿＿＿＿＿＿＿。

   (3) 짐을 들어드릴까요?

   ＿＿＿＿＿＿＿＿＿＿＿＿＿＿＿＿＿。

   (4) 불편을 드려서 매우 죄송합니다.

   ＿＿＿＿＿＿＿＿＿＿＿＿＿＿＿＿＿。

고전명구(古典名句)

敏而好学, 不耻下问(Mǐnérhàoxué, bùchǐxiàwèn)。

총명하면서 배우기를 좋아하고, 아랫사람에게 묻는 것을 부끄러워하지 않는다.

용법: ① 겸허하고 공부하기를 즐겨하는 정신을 칭송할 때 쓴다.

② 겸허하게 다른 이에게 가르침을 구해야 지식을 얻을 수 있다는 뜻이다. 《论语·公冶长》

■ 미니중국상식

중국의 명절 4 – 청명절 清明节

청명절은 24절기 중에 춘분과 곡우 사이에 있는 절기로 동지가 지나고 108일이 되는 날로 4월 5일 전후가 된다. 또한 4월 초에 '봄빛이 완연하고 공기가 깨끗해지며 날이 화창해지는 시기'라고 여겨져 '청명'이라고 한다.

청명절이 되면 효를 중시하는 중국인들은 휴일 기간을 활용해 조상의 묘지를 살피러 간다. 이것을 쏘우무(扫墓)라고 하는데 우리가 추석에 성묘를 가는 것과 같다. 또한 '청명이 되면 기온이 오르고 강수량이 많아져서 봄에 파종하기 딱 좋은 절기'라는 말이 있다. 생명력이 강한 시기라고 생각하기 때문에 청명절에는 등산하거나 나무를 심는다. 청명절 맞이 등산은 '답청(踏青)'이라 하고 나무를 심는 것은 '식수(植树)'라고 한다. 청명절에 먹는 음식은 지역마다 다르지만, 이날은 차가운 음식 즉 '한식(寒食)'으로 끼니를 해결하는 문화가 있다.

2008년부터 중국 정부는 청명절 하루를 법정 공휴일로 정했다가 2009년부터는 법정 공휴일로 3일을 지정했다.

第九课

叫醒服务

모닝콜서비스

第九课 　叫醒服务 모닝콜서비스

请问您需要几点叫醒? 몇 시에 모닝콜 해드릴까요?

새로운 단어 (CD 25)　生词

全名	quánmíng	[명]	전체 성명
陈小娟	chénxiǎojuān	[고명]	진소명(인명)
叫醒服务	jiàoxǐngfúwù	[명]	모닝콜서비스
告诉	gàosu	[동]	말하다, 알리다

课文

맛있는 본문 (CD 26)

服务员: 您好，前台。请问有什么可以帮您吗?
Nínhǎo, qiántái。Qǐngwènyǒushénmekěyǐbāngnínma?

客人: 我需要叫醒服务。
Wǒxūyàojiàoxǐngfúwù。

服务员: 好的，请您告诉我您的房间号码，好吗?
Hǎode, qǐngníngàosùwǒníndefángjiānhàomǎ, hǎoma?

客人: 8206号房间。
Bāèrlíngliùhàofángjiān。

服务员: 请问您的全名?
Qǐngwènníndequánmíng?

客人: 我叫陈小娟。
Wǒjiàochénxiǎojuān。

服务员: 陈小姐，请问您需要几点叫醒?
Chénxiǎojiě, qǐngwènnínxūyàojǐdiǎnjiàoxǐng?

客人: 明天早上七点。
Míngtiānzǎoshàngqīdiǎn。

服务员: 好的，陈小姐，您是8206号房间，
Hǎode, chénxiǎojiě, nínshìbāèrlíngliùhàofángjiān,

需要明天早上七点叫醒，对吗?
Xūyàomíngtiānzǎoshàngqīdiǎnjiàoxǐng, duìma?

客人: 是的，谢谢。
Shìde, xièxie。

服务员: 不客气。还有需要我帮忙的吗?
Búkèqi。Háiyǒuxūyàowǒbāngmángdema?

客人: 没有了。
Méiyǒule。

服务员: 祝您愉快，再见。
Zhùnínyúkuài, zàijiàn。

客人: 再见!
Zàijiàn!

주요 어법 및 표현

■ 접속사

‘如果(要是)……的话’는 ‘만약 ……라면’이라는 뜻으로 가정을 나타낸다. 둘 중 하나는 생략 가능하다.

㉘ 如果可以的话，每天早上八点请叫醒我们。

만약 가능하다면, 매일 아침 8시에 모닝콜 해주세요.

‘如果(要是)……的话’ 뒤에는 ‘那么(就)……’가 호응하여 ‘만약~라면 ~이다’라는 뜻으로 사용한다.

㉘ 如果你没有时间的话，就别来了。

만약 당신이 시간이 없다면 오지 마세요.

如果明天下雨的话，我们就不去玩了。

내일 비가 오면 우리는 놀러 가지 않는다.

要是不喜欢吃西餐，我们就吃韩餐吧。

만약 양식을 좋아하지 않는다면, 우리 한식을 먹으러 가요.

如果不会喝酒，就喝饮料吧。 만약 술을 못 마신다면, 음료수를 마셔.

■ 동량사 '次', '遍'

'次', '遍'은 모두 '번, 차례'를 나타낸다.

次는 중복할 수 있는 동작에 쓰이고 遍은 처음부터 끝까지 모든 과정을 거치는 동작의 횟수를 나타낼 때 쓰인다.

예 我去过两次中国。 나는 중국에 두 번 간 적이 있다.

对不起, 请再说一遍好吗?

죄송하지만, 다시 한 번 말씀해 주시겠습니까?

我已经看了两遍了。 나는 이미 두 번 봤다.

次는 또한 '제1차, 첫 번째'라고 할 때 사용할 수 있다.

예 第一次世界大战。 제1차 세계대전

这是我第二次来中国。 이번이 제가 두 번째 중국에 오는 것입니다.

자주 쓰는 표현(常用句型) (CD 27)

1. 您需要叫醒服务吗? 모닝콜 필요하십니까?
   Nínxūyàojiàoxǐngfúwùma?

2. 请您告诉我您的房间号码, 好吗? 방 번호를 알려주시겠습니까?
   Qǐngníngàosùwǒníndefángjiānhàomǎ, hǎoma?

3. 请问您需要几点叫醒? 몇 시에 모닝콜 해드릴까요?
   Qǐngwènnínxūyàojǐdiǎnjiàoxǐng?

4. 还有什么事需要我帮忙的吗? 제 도움이 더 필요하십니까?
   Háiyǒushénmeshìxūyàowǒbāngmángdema?

플러스 단어(맛)

酸 suān 시다

甜 tián 달다

苦 kǔ 쓰다

辣 là 맵다

咸 xián 짜다

油腻 yóunì 느끼하다

清淡 qīngdàn 담백하다

연습(练习)

1. 다음 단어를 활용하여 문장을 만드시오.

(1) 需要: _____ 。

(2) 愉快: _____ 。

(3) 告诉: _____ ?

(4) 还有: _____ ?

2. 다음 단어를 나열하여 완전한 하나의 문장으로 만들어보세요.

(1) 您　需要　请问　叫醒　点　几

_____ ?

(2) 告诉　您　请　我　您　号码　的　房间, 好吗

_____ ?

(3) 需要　还有　帮忙　我　的　吗

_____ ?

(4) 愉快　您　祝

_____ 。

(5) 房间　是　您　的　8206　号　对　吗

_____ ?

3. 본문을 참고하여 다음 대화를 완성해 보세요.

(1) 服务员: 您好，前台。请问有什么可以帮您吗？

客人: _____。

(2) 服务员: 请您告诉我您的房间号码，好吗？

客人: _____。

(3) 服务员: 陈小姐，请问您需要几点叫醒？

客人: _____。

(4) 服务员: 还有需要我帮忙的吗？

客人: _____。

(5) 服务员: 祝您愉快，再见。

客人: _____！

 고전명구(古典名句)

千里马常有，而伯乐不常有(Qiānlǐmǎchángyǒu, érbólèbùchángyǒu)。

천리마는 늘 있으되, (그를 알아보는) 백락은 흔치 않다.

용법: 걸출한 인재는 많지만 인재를 알아보는 사람은 많지 않다는 것을 비유
할 때 쓰인다. 흔히 탄식하는 느낌을 담고 있다.

唐·韩愈《杂说·马说》

■ 미니중국상식

중국의 음식문화

　중국음식은 광활한 영토와 수천 년의 역사 및 전통을 이어오면서 중국문화의 한 부분으로 형성되어 왔다. 중국의 음식문화에는 중국인의 사상, 민족심리, 생활방식, 신앙과 예절 등이 함께 어우러져 있다. 또한 음양오행과 중용이라는 철학적 기초 위에서 불로장수의 사상과 연결되어 건강과 장수에 초점을 두고 발전해 왔다. 따라서 중국인에게 음식은 단순히 먹는 것만 뜻하는 것이 아니라, 사람에게 영양을 공급하는 것으로 인식되기 때문에 먹는 것을 아주 중요하게 생각한다. 이러한 특성은 의식동원(医食同源), 즉 의약과 음식은 본래 그 뿌리가 하나라는 것을 뜻하기도 한다.

　또한 광활한 영토만큼 음식도 다양하며, 각 지역마다 요리의 특징을 가지고 있다. 흔히 "南甜北咸, 东辣西酸" 즉 남부는 달고(南甜), 북부는 짜고(北咸), 동부는 맵고(东辣), 서부는 시다(西酸)는 말이 있는데, 이는 단지 포괄적인 의미일 뿐 지역마다 가지고 있는 다양한 음식문화를 설명하지는 못한다. 따라서 중국의 몇 가지 공통된 특징을 살펴보면 그 다양성을 알 수 있다.

　우선 중국요리는 조화(调和)를 중요시한다. 색(色), 향(香), 맛(味)의 조화를 철저히 이루고 주재료와 부재료의 조화도 중요하게 생각하기 때문에 재료 선택에 있어 매우 엄격하다. 자주 사용되는 재료는 약 3천여 종이고, 총 재료의 수는 1만 종 이상이라고 한다. 또한 맛이 다양하고 풍부하다. 신맛·단맛·쓴맛·매운맛·짠맛의 다섯 가지 맛을 복잡 미묘하게 배합하여 다양한 맛을 창출할 뿐만 아니라, 시각적으로도 풍요롭고 화려하다. 채소·해산물·육류 등을 조화시켜 만든 음식을 한 그릇에 담아 화려하게 장식하기도 한다. 또한 날것으로는 먹지 않고, 익혀서 먹는 숙식(熟食)을 기본으로 하되, 거의 모든 음식에 기름을 사용하여 조리한다. 기름은 고온에서 짧은 시간에 음식을 만들 수 있고 재료의 고유한 맛을 그대로 유지하며 영양 손실을 최소화할 수 있다. 뿐만 아니라 불의 강약과 시간조절에 따라 그 요리의 색·향·맛이 크게 좌우된다. 또한 양념의 배합도 중요시한다. 중국요리의 조미료는 백여 종에 달하고 이렇게 다양한 조미료는 중국요리에 있어 맛의 조화를 이루어내는 관건이 되기도 한다.

第十课

洗衣服务

세탁서비스

第十课　洗衣服务 세탁서비스

我有要送洗的衣服。세탁할 옷을 맡기려고 합니다.

새로운 단어 (CD 28)

客房服务部	kèfángfúwùbù	[명]	객실 서비스부서
送	sòng	[동]	보내다, 전달하다, 배달하다
洗	xǐ	[동]	씻다, 빨다
衣服	yīfu	[명]	옷, 의복
马上	mǎshàng	[부]	곧, 즉시, 바로, 금방
洗衣单	xǐyīdān	[명]	세탁물 명세서
放	fàng	[동]	(집어) 넣다, 놓아두다
衣袋	yīdài	[명]	호주머니, 포켓
里	lǐ	[명]	속, 안쪽, 내부
能	néng	[동]	…할 수 있다, …할 줄 안다
收到	shōudào	[동]	받다, 얻다, 수령하다
之前	zhīqián	[명]	…이전, …전에
进去	jìnqù	[동]	들어가다
签收	qiānshōu	[동]	수령했음을 서명하다

课文

服务员： 您好！客房服务部。
　　　　Nínhǎo! Kèfángfúwùbù。

客人：　 您好！我有要送洗的衣服。我的房间号码是2188号。
　　　　Nínhǎo! Wǒyǒuyàosòngxǐdeyīfu。Wǒdefángjiānhàomǎshìèryāobābāhào。

服务员： 好的，我马上让服务员到2188号房间去取。
　　　　Hǎode, wǒmǎshàngràngfúwùyuándàoèryāobābāhàofángjiānqùqǔ。

客人：　 谢谢！
　　　　Xièxie!

잠시 후(稍后)

服务员： 您好！客房服务员，我可以收您送洗的衣服吗？
　　　　Nínhǎo! Kèfángfúwùyuán, wǒkěyǐshōunínsòngxǐdeyīfuma?

客人：　 可以，这是我要送洗的衣服。
　　　　Kěyǐ, zhèshìwǒyàosòngxǐdexīfu。

服务员： 谢谢您，洗衣单放在衣袋里了吗？
　　　　Xièxienín, xǐyīdānfàngzàiyīdàilǐlema?

客人：　 是的。对了，送洗的衣服什么时候能收到？
　　　　Shìde。Duìle, sòngxǐdeyīfushénmeshíhounéngshōudào?

服务员: 明天中午之前就能收到。
Míngtiānzhōngwǔzhīqiánjiùnéngshōudào。

客人: 谢谢!
Xièxie!

다음날(第二天)

服务员: 您好，我是客房服务员。我可以进去吗?
Nínhǎo, Wǒshìkèfángfúwùyuáng。Wǒkěyǐjìnqùma?

客人: 什么事?
Shénmeshì?

服务员: 我来送您昨天送洗的衣服，请您签收一下。
Wǒláisòngnínzuótiānsòngxǐdeyīfu, qǐngnínqiānshōuyíxià。

客人: 好的，谢谢。
Hǎode, xièxie。

服务员: 不客气，再见。
Búkèqi, zàijiàn。

客人: 再见。
Zàijiàn。

■ 피동문

피동문은 '被', '让', '叫' 등의 개사를 이용해 나타내는데, 이 중 가장 대표적인 것이 '被'로 '被자문'이라고도 한다. '被자문'의 기본 문형은 다음과 같다.

　주어+被(+목적어)+술어(동사)+기타 성분(결과보어, 정도보어 등)

　⑩ 他被哥哥打了。 그는 형에게 맞았다.

　　浴室被客人弄脏了。 욕실은 손님에 의해 더럽혀졌다.

부정사, 조동사, 부사는 '被', '让', '叫' 앞에 위치한다.

　⑩ 不让你去，你非要去。 가지 말라는데, 기어코 가려고 하는구나.

　　我的书没被(小偷)偷走。 내 책은 (도둑에게) 도둑맞지 않았다.

被 뒤에 오는 목적어는 종종 생략된다. '让', '叫' 뒤에는 반드시 목적어가 있어야 한다.

　⑩ 啤酒都被喝完了。 맥주를 다 마셨다.

　　又让您破费了，真不好意思。 또 돈을 쓰시게 해서 정말 미안합니다.

자주 쓰는 표현(常用句型) (CD 30)

1. 洗衣单和洗衣袋在抽屉里。
   Xǐyīdānhéxǐyīdàizàichōutilǐ。
   세탁물 명세서와 세탁물봉투는 서랍 안에 있습니다.

2. 我可以收您送洗的衣服吗?
   Wǒkěyǐshōunínsòngxǐdeyīfuma?
   제가 세탁하실 옷을 수거해도 되겠습니까?

3. 请您填一下洗衣单好吗? 세탁물 명세서를 작성해 주시겠습니까?
   Qǐngníntiányíxiàxǐyīdānhǎoma?

4. 请您在洗衣单上签名好吗? 세탁물 명세서에 서명해 주시겠습니까?
   Qǐngnínzàixǐyīdānshàngqiānmínghǎoma?

5. 请您查看一下洗好的衣服。 세탁한 옷을 한 번 확인해 주세요.
   Qǐngnínchákànyíxiàxǐhǎodeyīfu。

플러스 단어(의류)

上衣 shàngyī 상의

羽绒服 yǔróngfú 다운재킷, 패딩

毛衣 máoyī 털옷, 스웨터

风衣 fēngyī 바바리코트, 트렌치코트

大衣 dàyī 외투, 코트

夹克 jiākè 재킷

衬衫 chènshān 와이셔츠, 셔츠, 블라우스

西装 xīzhuāng 양복

T恤 tìxù T셔츠

裤子 kùzi 바지

牛仔裤 niúzǎikù 청바지

裙子 qúnzi 치마, 스커트

连衣裙 liányīqún 원피스

연습(练习)

1. 괄호 안의 단어가 들어갈 알맞은 위치를 찾아보세요.

(1) 我A有B送洗C的D衣服。(要)

(2) 我A马上B服务员C到2188号房间D去取。(让)

(3) 我A收B您送洗的C衣服D吗?(可以)

(4) 洗衣单A放在B衣袋C了D吗?(里)

(5) 送洗A的B衣服C能D收到?(什么时候)

2. 다음 단어들을 조합하여 하나의 문장으로 만들어보세요.

(1) 是　　我　　客房　　服务员

_____。

(2) 您　　签收　　请　　一下

_____。

(3) 是　　这　　我　　送洗　　要　　的　　衣服

_____。

(4) 明天　　能　　中午　　收到　　之前　　就

_____。

(5) 来　　我　　送　　您　　送洗　　昨天　　的　　衣服

_____。

3. 다음 한국어를 중국어로 옮겨보세요.

　(1) 안녕하세요! 객실서비스부입니다.

　　　_____。

　(2) 제가 세탁하실 옷을 수거해도 되겠습니까?

　　　_____。

　(3) 방 번호를 알려주시겠습니까?

　　　_____?

　(4) 세탁 맡긴 옷은 언제 찾을 수 있나요?

　　　_____?

　(5) 확인 한 번 하시고 서명해 주세요.

　　　_____。

 고전명구(古典名句)

善有善报，恶有恶报(Shànyǒushànbào, èyǒuèbào)。

착한 일을 하면 좋은 결과가 있고, 나쁜 일을 하면 반드시 나쁜 결과가 있다.
용법: 죄는 지은 데로 가고 덕은 닦은 데로 간다는 뜻으로 쓰임.

■ 미니중국상식

식사예절

　　중국의 다양한 요리만큼 중국인들은 식사와 식사예절 또한 매우 중요시한다. 보통 중국인과 친해지면 함께 식사를 하게 되는데 식사를 청하는 것은 일반적으로 관계를 더욱 돈독히 하고 싶다는 뜻을 가지고 있다. 중국의 식사예절은 같은 동양계라서 우리와 별 차이가 없다고 생각하기 쉽지만, 차이점도 많아 기본예절을 모르면 일을 그르칠 수도 있다.

　　일반적으로 중국인들은 한 식탁에 둘러앉아 큰 접시에 나온 음식을 여러 사람이 나누어 먹는데 동석한 사람들이 식사를 즐길 수 있도록 서로 배려한다. 주빈의 좌석은 지정되어 있어 앉을 때 특히 주의해야 한다. 음식은 우리와 다르게 다 차려져 있는 것이 아니라 서양식같이 시간의 순서에 따라 하나씩 나오는 코스요리이다. 음식의 가짓수는 짝수로 나오며, 우선 간단한 음식이 나오고 나서 주요리가 나온다. 요리는 주빈부터 덜도록 배려하고 주빈 옆에 앉은 순서대로 식탁을 돌리며 각자 먹을 양만큼 개인접시에 덜어낸다. 옆사람을 위해 회전식탁을 시계방향으로 움직여주는 것이 예의이다. 나오는 음식을 의무적으로 다 비울 필요는 없다. 그럴 경우 아직 양이 차지 않아 음식을 더 원하는 뜻이 보여 더 주문하려 하기 때문이다. 접시에 있는 음식은 약간 남기고, 공기의 밥은 다 먹는다. 중국인들은 음식을 넉넉히 주문하여 남아야 풍부한 접대를 한 것으로 생각한다.

第十一课

룸서비스

客房送餐服务

第十一课　客房送餐服务 룸서비스

我想在房间用餐。방에서 식사하려고 합니다.

새로운 단어 (CD 31)

用餐	yòngcān	[동]	(경어) 식사를 하다, 밥을 먹다
提供	tígōng	[동]	제공하다, 공급하다, 내놓다
美式早餐	měishì zǎocān	[명]	미국식 아침식사(American Breakfast)
快	kuài	[형]	빠르다
当然	dāngrán	[형]	당연하다, 물론이다
摆	bǎi	[동]	놓다, 진열하다
完	wán	[동]	마치다, 끝나다, 완결되다
餐车	cānchē	[명]	식당카트(food cart)
推	tuī	[동]	밀다
门口	ménkǒu	[명]	입구, 현관, 문어귀

课文

맛있는 본문 (CD 32)

服务员: 早上好，客房服务部。
　　　　Zǎoshànghǎo, kèfángfúwùbù。

客人:　 我想在房间用餐。
　　　　Wǒxiǎngzàifángjiānyòngcān。

服务员: 好的，先生。我们早餐提供美式早餐，您看可以吗?
　　　　Hǎode, xiānsheng。Wǒmenzǎocāntígōngměishìzǎocān, nínkànkěyǐma?

客人:　 可以。
　　　　Kěyǐ。

服务员: 您能告诉我您的姓名和房间号码吗?
　　　　Nínnénggàosùwǒníndexìngmínghéfángjiānhàomǎma?

客人:　 我叫李明，我的房间号码是1568号。
　　　　Wǒjiàolǐmíng, wǒdefángjiānhàomǎshìyāowǔliùbāhào。

服务员: 李明先生，1568号房间，一份美式早餐，对吗?
　　　　Lǐmíngxiānsheng, yāowǔliùbāhàofángjiān, yífènměishìzǎocān, duìma?

客人:　 对。
　　　　Duì。

服务员: 您的早餐很快就送到。
　　　　Níndezǎocānhěnkuàijiùsòngdào。

客人: 好的。
　　　　Hǎode。

잠시 후(稍后)

服务员: 您好，送餐服务。我可以进去吗？
　　　　Nínhǎo, sòngcānfúwù。Wǒkéyǐjìnqùma?

客人: 当然可以。请进。
　　　　Dāngránkěyǐ。Qǐngjìn。

服务员: 请问，您的餐摆在哪里呢？
　　　　Qǐngwèn, níndecānbǎizàinǎlǐne?

客人: 就这儿吧。
　　　　Jiùzhèrba。

服务员: 您的餐摆好了。请您签字好吗？
　　　　Níndecānbǎihǎole。Qǐngnínqiānzìhǎoma?

客人: 好的。
　　　　Hǎode。

服务员: 还有，请您用完餐以后，把餐车推到门口，好吗？
　　　　Háiyǒu, qǐngnínyòngwáncānyǐhòu, bǎcānchetuīdàoménkǒu, hǎoma?

客人: 好的。谢谢！
　　　　Hǎode。Xièxie!

服务员: 不客气！
　　　　Búkèqi!

주요 어법 및 표현

■ 동태조사 '过'

동태조사 '过'는 어떤 동작이 과거에 이미 발생했음을 나타내는데, 특히 그러한 경험이 있었다는 것을 강조한다.

㉠ 我去过西安。 나는 씨안(서안)에 가본 적이 있다.

我吃过中国菜。 나는 중국요리를 먹어본 적이 있다.

부정형은 '没(有)……过'로 나타낸다. '没(有)'는 동사 앞에, '过'는 동사 뒤에 놓인다.

㉠ 我没去过中国。 나는 중국에 가본 적이 없다.

我没看过中国电影。 나는 중국영화를 본 적이 없다.

자주 쓰는 표현(常用句型) (CD 33)

1. 您想在房间用餐吗? 방에서 식사하시려고 합니까?
   Nínxiǎngzàifángjiānyòngcānma?

2. 请问您想什么时候用餐? 실례지만 언제 식사하시려고 합니까?
   Qǐngwènnínxiǎngshénmeshíhouyòngcān?

3. 请问一共几位用餐? 실례지만 모두 몇 분이 식사하십니까?
   Qǐngwènyígòngjǐwèiyòngcān?

4. 欢迎下次再来, 再见。 다음에 또 오세요. 안녕히 가세요.
   Huānyíngxiàcìzàilái, zàijiàn。

5. 祝您用餐愉快。 즐거운 식사시간 되세요.
   Zhùnínyòngcānyúkuài。

플러스 단어

요리종류

韩餐 háncān 한국음식, 한국요리

韩国料理 hánguóliàolǐ 한국요리

中餐 zhōngcān 중국음식, 중국요리

中国料理 Zhōngguóliàolǐ 중국요리

日餐 rìcān 일본음식, 일본요리

日本料理 Rìběnliàolǐ 일본요리

西餐 xīcān 양식, 서양요리

自助餐 zìzhùcān 뷔페

주류

洋酒 yángjiǔ 양주

葡萄酒 pútáojiǔ 포도주

白酒 báijiǔ 배갈, 소주

啤酒 píjiǔ 맥주

扎啤 zhāpí 생맥주

香槟 xiāngbīn 샴페인

연습(练习)

1. 제시된 단어를 선택하여 빈칸을 채워주세요.

> 签字　　可以　　提供　　想　　告诉

(1) 我 ＿＿＿＿＿＿在房间用餐。

(2) 我们早餐 ＿＿＿＿＿＿美式早餐，您看可以吗?

(3) 您能 ＿＿＿＿＿＿我您的姓名和房间号码吗?

(4) 我 ＿＿＿＿＿＿进去吗?

(5) 请您 ＿＿＿＿＿＿好吗?

2. 다음 대화를 완성해 보세요.

(1) 服务员: 我们早餐提供美式早餐，您看可以吗?

　　客人: ＿＿＿＿＿＿＿＿＿＿＿＿＿＿。

(2) 服务员: 请问，您的餐摆在哪里呢?

　　客人: ＿＿＿＿＿＿＿＿＿＿＿＿＿＿。

(3) 服务员: 您的餐摆好了。请您签字好吗?

　　客人: ＿＿＿＿＿＿＿＿＿＿＿＿＿＿。

(4) 服务员: 李明先生，1568号房间，＿＿＿＿＿＿＿＿，对吗?

　　客人: 对。

(5) 服务员: 您好，送餐服务。＿＿＿＿＿＿＿＿＿＿＿＿＿?

　　客人: 当然可以。请进。

(6) 服务员: 早上好，客房服务部。

　　客人: 我想在 ＿＿＿＿＿＿＿＿＿＿。

■ 미니중국상식

중국의 명주(中国名酒)

중국은 유구한 역사와 함께 다양한 술의 종류와 술문화가 존재하는 나라이다. 원래 중국에서는 50~60도짜리 술을 좋은 것이라 하는데, 여러 가지 이유로 낮은 도수의 38~42도짜리 술도 출시하였다. 실제 50도 이상의 술이 술맛도 좋고 귀하며 비싸다고 한다. 또한 중국술은 기름 사용을 기본으로 하는 중국음식과는 어떤 것보다도 궁합이 잘 맞는다. 중국의 시장분석 전문 웹사이트 中国报告大厅에서 2014년 08월 29일에 발표한 내용에 의하면 2014년 중국의 10대 명주는 다음과 같다.

⑴ 마오타이주(茅台酒)

마오타이주의 산지는 귀주(贵州)성 仁怀현 마오타이(茅台)진이고 마오타이주는 2000여 년의(汉代) 역사를 가지고 있다. 1915년에는 파나마 국제박람회에서 금상을 받았다.

마오타이주는 1년에 단 1회만 생산해 장기간 숙성(酿造)시킨다. 숙성기간은 최소 3년이다. 따라서 원료입고부터 술이 출고되기까지 최소한 5년이라는 시간이 소요된다. 마오타이주는 오래된 것일수록 맛이 좋다. 대표적인 마오타이주는 도수가 52~54도 사이로 오량예와 함께 중국의 대표주로 유명하다. 78년부터는 43도, 38도, 33도의 술을 새로 출시하여 소비자들의 요구를 만족시키고 있다.

⑵ 오량액주(五粮液)

사천(四川)성에서 생산되는 오량액주의 역사는 당나라 때부터 시작되었다. 그당시는 오량액주라는 이름이 아니었으며 술 성분, 품질도 지금의 오량액주와는 달랐다. 그 후 지금으로부터 약 150년 전 5종의 곡식을 원료로 하여 술을 빚었는데 당시는 "잡곡주(杂粮酒)"라고 하였으며 2000년대에 와서야 오량액주라고 이름을 바꾸었다.

⑶ 펀지우(汾酒)

대곡청향형(大曲 淸香型) 펀지우(汾酒)는 지앙시(江西)성 펀양(汾阳)현 행화(杏花)촌에서 만들어졌으며 1000여 년의 역사를 갖고 있다. 펀지우(汾酒)는 당나라(唐代) 이전의 황주(黄酒)에서 기원하였으며, 후에 백주로 발전하였다.

⑷ 고정공주(古井贡酒)

고정공주는 중국 안휘성 호현 고정공주공장에서 생산된다. 고정공주를 빚는 물은 우물(井)물인데 그 우물은 남북조(南北朝)시대의 유적이고 1500여 년의 역사를 갖고 있다. 명나라(明朝)시기 명 신종(明神宗)이 이 술을 마시고 공주(贡酒)라고 이름을 지어주었다. 그 후로부터 명청(明淸)시기의 400여 년 동안 고정공주는 줄곧 황제들에게 바치는 진상품이었다.

⑸ 서봉주(西凤酒)

서봉주는 섬서(陕西)성 펑샹(凤翔) 일대에서 제조되는 술로 약 2700여 년의 역사를 갖고 있는 것으로 추정되며 주원료는 수수이고 샘물을 사용한다.

그 외에도 ⑹강소성(江苏省) 사홍현 쌍구진에서 생산되고, 생산량이 가장 많은 술 중에 하나인 쌍구대곡(双沟大曲); ⑺乾隆황제가 강남을 여행할 때 7일 동안 마셨고 황실의 진상품이었다는 양하대곡(洋河大曲); ⑻조조(曹操), 두보(杜甫), 소식(苏轼) 등 역사적 인물들이 모두 좋아했다고 하는 두강주(杜康酒); ⑼마오타이주(茅台酒)의 생산제작기술로 만들어 나름대로의 독특한 향기를 갖고 있는 랑주(郎酒); ⑽사천성 루저우에서 양조되는 술로 짙은 향의 대곡주가 있으며, 값이 저렴하여 서민들이 즐겨 마신다는 노주특곡주(泸州特曲酒) 등이 있다.

PART

4

식음료서비스 餐饮服务

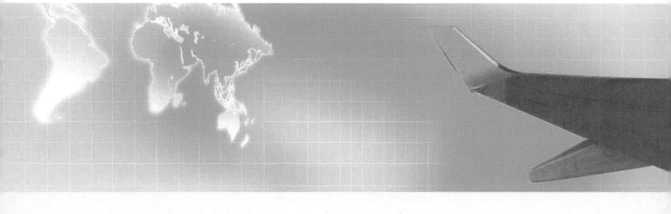

응대서비스 接待服务
주문서비스 点菜服务
주문받기 接受点菜
계산서비스 结帐服务

第十二课

接待服务

응대서비스

第十二课 接待服务응대서비스

您好! 这里是西餐厅。 안녕하세요! 양식 레스토랑입니다

새로운 단어 (CD 34)

西餐厅	xīcāntīng	[명]	레스토랑, 양식당
桌位	zhuōwèi	[명]	테이블, 자리
清楚	qīngchu	[형]	분명하다, 명백하다, 뚜렷하다
遍	biàn	[양]	번, 차례, 회

课文

맛있는 **본문** (CD 35)

服务员: 您好！这里是西餐厅。
Nínhǎo! Zhèlǐshìxīcāntīng。

客人: 您好！我想预订今天晚上六点的四人桌位。
Nínhǎo! Wǒxiǎngyùdìngjīntiānwǎnshàngliùdiǎndesìrénzhuōwèi。

服务员: 好的，请告诉我您的姓名好吗？
Hǎode, qǐnggàosùwǒníndexìngmínghǎoma？

客人: 我叫李明。
Wǒjiàolǐmíng。

服务员: 李明先生，您预订今天晚上六点的四人桌位，对吗？
Lǐmíngxiānsheng, nínyùdìngjīntiānwǎnshàngliùdiǎndesìrénzhuōwèi, duìma？

客人: 对。
Duì。

服务员: 谢谢您的预订。李先生，您还有什么需要我帮忙的吗？
Xièxieníndeyùdìng。Lǐxiānshen, nínháiyǒushénmexūyàowǒbāngmángdema？

客人: 没有了，谢谢！
Méiyǒule, xièxie!

服务员: 不客气，再见！
Búkèqi, zàijiàn!

客人: 再见！
Zàijiàn!

■ 동태조사 '着'

동사 뒤에 동태조사 '着'를 붙이면, 동작 혹은 상태의 지속을 나타낸다.

ⓔ 门开着，窗户也开着。 문이 열려 있고, 창문도 열려 있다.

桌子上放着一本书。 책상에 책 한 권이 놓여 있다.

부정형은 '没(有)……着'이다.

ⓔ 他没站着，他坐着呢。 그는 서 있지 않고, 그는 앉아 있다.

'着'는 동사와 함께 쓰여, 동작의 방식을 나타내기도 한다.

ⓔ 客人们坐着喝茶。 손님들은 앉아서 차를 마신다.

他开着车听音乐。 그는 차를 운전하면서 음악을 듣는다.

자주 쓰는 표현(常用句型) (CD 36)

1. 对不起，我没听清楚，请您再说一遍好吗?
   Duìbuqǐ, wǒméitīngqīngchǔ, qǐngnínzàishuōyíbiànhǎoma
   죄송하지만, 제가 잘 못 들었습니다. 다시 한 번 말씀해 주시겠습니까?

2. 先生，您坐这里可以吗? 선생님, 이쪽으로 앉으셔도 되겠습니까?
   Xiānsheng, nínzuòzhèlǐkěyǐma?

3. 您来点什么? 무엇을 드시겠습니까?
   Nínláidiǎnshénme?

4. 您喜欢吃什么? 어떤 음식을 즐겨 드십니까?
   Nínxǐhuānchīshénme?

5. 吃中餐还是西餐? 중국음식 드시겠습니까 아니면 양식을 드시겠습니까?
   Chīzhōngcānháishìxīcān?

6. 我来点啤酒。 저는 맥주 좀 마시겠습니다.
   Wǒláidiǎnpíjiǔ。

플러스 단어

套餐 tàocān 코스요리(정식)

冷菜 lěngcài 애피타이저

主菜 zhǔcài 주요리(메인디시)

比萨饼 bǐsàbǐng 피자

沙拉 shālā 샐러드

番茄酱 fānqiéjiàng 케첩

果酱 guǒjiàng 잼

煮鸡蛋 zhǔjīdàn 삶은 달걀

腊猪肉 làzhūròu 베이컨

炸猪排 zházhūpái 돈가스(포크커틀릿)

炸鱼排 zháyúpái 생선가스(생선커틀릿)

半熟的 bànshúde 미디엄(살짝 익힌, 반만 익힌)

全熟(八成熟) bāchéngshú 웰던(완전히 익힌)

意大利面 yìdàlìmiàn 스파게티

咖喱饭 gālífàn 카레라이스

甜点 tiándiǎn 디저트(맛이 단 빵이나 과자류)

冰淇淋 bīngqílín 아이스크림

연습(练习)

1. 다음 단어를 선택하여 빈 칸을 채우세요.

> 桌位　　是　　还有　　告诉　　叫

(1) 请 ＿＿＿＿＿＿＿我您的姓名好吗?

(2) 我 ＿＿＿＿＿＿＿李明。

(3) 您好! 这里 ＿＿＿＿＿＿西餐厅。

(4) 我想预订今天晚上六点的四人 ＿＿＿＿＿＿。

(5) 李先生, 您 ＿＿＿＿＿＿＿什么需要我帮忙的吗?

2. 다음 빈칸을 채워 대화를 완성해 보세요.

(1) 服务员: 您好! 这里是西餐厅。

　　客人:　　您好! 我想预订今天晚上六点的 ＿＿＿＿＿＿＿＿＿＿＿＿＿＿＿＿。

(2) 服务员: 好的, 请告诉我 ＿＿＿＿＿＿＿＿＿＿＿＿＿好吗?

　　客人:　　我叫李明。

(3) 服务员: 李先生, 您还有什么需要我帮忙的吗?

　　客人:　　＿＿＿＿＿＿＿＿＿＿＿＿＿＿, 谢谢!

3. 지금까지 배운 과일명칭을 중국어로 말해 보세요.

第十三课 点菜服务

주문서비스

第十三课 点菜服务 주문서비스

请问需要点菜吗? 실례지만 주문하시겠습니까?

새로운 단어 (CD 37)

菜单	càidān	[명]	메뉴, 식단, 차림표
过目	guòmù	[동]	훑어보다, 한번 보다
点菜	diǎncài	[동]	요리를 주문하다
牛排	niúpái	[명]	스테이크, 비프스테이크
半	bàn	[수]	절반, 반, 2분의 1
熟	shú	[형]	(음식이) 익다, (과일 등이) 익다, 익숙하다
八成	bāchéng	[수]	8할, 10분의 8
打扰	dǎrǎo	[동]	방해하다, 폐를 끼치다
随便	suíbiàn	[부명]	좋을 대로, 그냥 편한 대로, 아무거나
鱼香肉丝	yúxiāngròusī	[명]	위샹러우쓰, 어향돼지고기볶음
麻婆豆腐	mápódòufu	[명]	마파두부
碗	wǎn	[명]	사발, 공기, 그릇
面条	miàntiáo	[명]	국수
川菜	chuāncài	[명]	쓰촨(四川)음식(요리), 사천요리
辣	là	[형]	맵다, 얼얼하다
瓶	píng	[명]	병

맛있는 **본문** (CD 38)

服务员: 您好，欢迎光临。先生，请问您有预订吗？
Nínhǎo, huānyíngguānglín。Xiānsheng, qǐngwènnínyǒuyùdìngma?

客人1: 有，我预订了四人桌位。
Yǒu, wǒyùdìnglesìrénzhuōwèi。

服务员: 好的。两位这边请。
Hǎode。Liǎngwèizhèbiānqǐng。

客人1: 李先生，请坐。这是菜单，请过目。
Lǐxiānsheng, qǐngzuò。Zhèshìcàidān, qǐngguòmù。

주문받기（点菜服务）

服务员: 您好，先生，请问需要点菜吗？
Nínhǎo, xiānsheng, qǐngwènxūyàodiǎncàima?

客人1: 是的，金先生，您来点什么？
Shìde, jīnxiānsheng, nínláidiǎnshénme?

客人2:   我来一份牛排。
　　　　Wǒláiyífènniúpái。

客人1:   来两份牛排。
　　　　Láiliǎngfènniúpái。

服务员: 牛排做成半熟还是八成熟?
　　　　Niúpáizuòchéngbànshúháishìbāchéngshú?

客人1:   来半熟的。
　　　　Láibànshúde。

服务员: 好的，您点了两份牛排，做成半熟的，对吗?
　　　　Hǎode, níndiǎnleliǎngfènniúpái, zuòchéngbànshúde, duìma?

客人1:   对，快一点，好吗?
　　　　Huì, kuàiyìdiǎn, hǎoma?

服务员: 好的，请稍等。
　　　　Hǎode, qǐngshāoděng。

잠시 후(稍后)

服务员: 对不起，打扰一下。这是您点的牛排，请慢用。
　　　　Duìbuqǐ, dǎrǎyíxià。Zhèshìníndiǎndeniúpái, qǐngmànyòng

客人1:   谢谢!
　　　　Xièxie!

服务员: 不客气。
　　　　Búkèqi。

服务员:　请问两位来点什么?
Qǐngwènliǎngwèiláidiǎnshénme?

客人1:　李先生，您喜欢吃什么?
Lǐxiānsheng, nínxǐhuanchīshénme?

客人2:　随便。
Suíbiàn。

客人1:　那来一个鱼香肉丝，一个麻婆豆腐，再来两碗面条。
Nàláiyígeyúxiāngròusī, yígemápódòufu, zàiláiliǎngwǎnmiàntiáo。

　　　您看可以吗?
Nínkànkěyǐma?

客人2:　都是川菜吗? 很辣吧?
Dōushìchuāncàima? Hěnlàba?

客人1:　不，除了麻婆豆腐以外，都不辣。
Bù, chúlemápódòufuyǐwài, doūbúlà。

客人2:　好的。
Hǎode。

服务员:　两位喝什么饮料?
Liǎngwèihēshénmeyǐnliào?

客人1:　李先生，您喝什么?
Lǐxiānsneng, níhēshénme?

客人2:　我来点啤酒。
　　　　Wǒláidiǎnpíjiǔ。

客人1:　服务员，再来一瓶啤酒。
　　　　Fúwùyuán, zàiláiyìpíngpíjiǔ。

服务员:　好的，请稍等。
　　　　Hǎode, qǐngshāoděng。

客人1:　好的。
　　　　Hǎode。

주요 어법 및 표현

■ 除了……以外

(1) '除了……以外'는 '~이외에도'라는 의미로, 언급한 것 외에 또 다른 것이
   있음을 나타낸다. 보통 뒤에 '还', '也' 등이 와서 호응한다. '以外'는 생략
   이 가능하다.

   ㉮ 他除了去北京以外，还去上海。

      그는 북경뿐만 아니라, 상해에도 간다.

      他除了汉语以外，还会说英语和法语。

      그는 중국어 외에, 영어와 프랑스어도 할 줄 압니다.

      除了他以外，我也去过北京。

      그뿐만 아니라 나도 북경에 가본 적이 있다.

(2) '~이외에는'이라는 의미로, 언급한 사람 혹은 사물이 포함되지 않음을 나
   타낸다. 보통 뒤에 '都'가 와서 호응한다.

   ㉮ 除了老师以外，我们都是韩国人。 (老师不是韩国人)

      선생님 외에, 우리는 모두 한국인이다. (선생님은 한국인이 아님)

      除了香菜以外，我都吃。 (不吃香菜)

      향채(고수풀) 빼고, 나는 모두 먹는다. (향채를 먹지 않음)

1. 欢迎您! 一共几位? 환영합니다! 총 몇 분이십니까?
   Huānyíngnín! Yígòngjǐwèi?

2. 请问您有预定吗? 예약을 하셨습니까?
   Qǐngwènnínyǒuyùdìngma?

3. 请跟我来。 / 请这边走。 저를 따라 오십시오. / 이쪽으로 오십시오.
   Qǐnggēnwǒlái/ Qǐngzhèbiānzǒu。

4. 这是菜单, 请您过目。 여기 차림표를 한번 보세요.
   Zhèshìcàidān, qǐngnínguòmù。

5. 请问先生现在可以上菜了吗? 실례지만 선생님 지금 요리를 내와도 되겠습니까?
   Qǐngwènxiānshengxiànzàikěyǐshàngcàilema?

7. 对不起, 打扰一下。 죄송하지만, 잠깐 실례합니다.
   Duìbùqǐ, dǎrǎoyíxià。

8. 请用茶。 / 请慢用。 요리 다 나왔습니다./맛있게 드십시오.
   Qǐngyòngchá。 / Qǐngmànyòng。

9. 您的菜上齐了, 请慢用。 주문하신 요리가 다 나왔습니다. 맛있게 드십시오.
   Níndecàishàngqíle, qǐngmànyòng。

10. 除了这个菜以外, 别的都不辣。 이 요리 외에 다른 음식은 모두 맵지 않습니다.
    Chúlezhègecàiyǐwài, biédedōubúlà。

11. 味道好极了。 맛이 아주 좋습니다.
    Wèidaohǎojíle。

플러스 단어(중국요리명칭)

干烹鸡 gānpēngjī 깐풍기

辣椒鸡 làjiāojī 라조기

宫爆鸡丁 gōngbàojīdīng 궁바오지딩

糖醋肉 tángcùròu 탕수육

五香酱牛肉 wǔxiāng jiàng niúròu 오향장우육

溜三丝 liūsānsī 류산슬

京酱肉丝 jīngjiàngròusī 경장육사

佛跳墙 fótiàoqiáng 불도장

全家福 quánjiāfú 전가복

八宝菜 bābǎocài 팔보채

拉皮什锦菜 lāpíshíjǐncài 양장피잡채

辣椒什锦菜 làjiāoshíjǐncài 고추잡채

番茄酱炒虾 fānqiéjiàngchǎoxiā 새우케첩볶음

红烧豆腐 hóngshāodòufǔ 홍싸오두부

麻婆豆腐 mápódòufu 마파두부

三鲜锅巴 sān xiān guōbā 삼선누룽지

拔丝地瓜 básīdìguā 고구마맛탕

凉拌海蜇 liángbànhǎizhé 해파리무침

鸡丝面 jīsīmiàn 기스면

三鲜炸酱面 sānxiānzhájiàngmiàn 삼선짜장면

酸辣汤 suānlàtāng 쏸라탕

鸡蛋汤 jīdàntāng(木樨汤 mùxītāng) 계란탕

北京烤鸭 Běijīngkǎoyā 베이징덕(Peking duck), 북경오리

연습(练习)

1. 빈칸에 들어갈 올바른 답을 고르세요.

(1) _____麻婆豆腐以外，都不辣。

　　A 还有　　　B 辣　　　C 什么　　　D 除了

(2) 这是您 _____的牛排，请慢用。

　　A 看　　　　B 点　　　C 是　　　　D 有

(3) 牛排做成半熟 _____八成熟?

　　A 没有　　　B 除了　　C 喜欢　　　D 还是

(4) 服务员，再 _____一瓶啤酒。

　　A 有　　　　B 是　　　C 来　　　　D 在

2. 다음 빈칸에 올바른 양사로 채워주세요.

(1) 两 _____喝什么饮料?

(2) 服务员，来一 _____啤酒。

(3) 我来一 _____牛排。

(4) 来一 _____咖啡和一 _____橙汁。

3. 다음 대화를 완성하세요.

    (1) A: 你喜欢吃中餐还是西餐?

        B: _____。

    (2) A: 请问泡菜汤辣不辣?

        B: _____。

    (3) A: 菜的味道怎么样?

        B: _____。

    (4) A: 你喜欢吃什么?

        B: _____。

■ 미니중국상식

중국의 요리(中国菜系)

중국은 음식의 특징에 의해 4대 요리, 8대 요리 또는 10대 요리로 요리의 계보를 분류하고 있다. 중국 십대요리(中国十大菜系)의 계보는 강소요리(苏菜), 사천요리(川菜), 산둥요리(鲁菜), 광둥요리(粤菜), 절강요리(浙菜), 호남요리(湘菜), 복건요리(闽菜), 안휘요리(徽菜), 북경요리(京菜), 상해요리(沪菜) 등이 있다. 이 중 북경요리(京菜), 상해요리(沪菜), 사천요리(川菜), 광둥요리(粤菜)는 우리에게도 잘 알려져 있다.

(1) 북경요리(京菜)

북경요리는 일명 징차이(京菜)라고 하는데, 중국 북방요리를 대표한다. 북경은 명(明), 청(清)의 수도로 수백 년간 정치, 경제, 문화의 중심지였기 때문에 궁중요리와 같은 고급요리가 발달했다. 과거 산둥 출신의 궁중요리사가 많아서 산둥요리의 영향을 많이 받았고, 지리적으로 한랭한 북방에 위치하여 추위를 이길 수 있는 고칼로리의 음식이 발달했다. 생선보다 육류가 많고 기름을 많이 사용하며 진한 맛이 특징이다. 조리법으로는 센 불에 금방 익혀내는 폭(爆)법이 유명하다. 북경요리의 또 다른 특징은 화북(华北)평원에서 생산되는 소맥(小麦)을 주식으로 하기에 이것을 이용한 밀가루 음식인 면(麵), 빵, 만두, 국수 등이 유명하다. 우리가 즐겨 먹는 짜장면(炸酱麵)은 북경음식의 하나인 산둥음식이 한국화된 것이다. 북경요리의 대표요리는 오리통구이(北京烤鸭)와 양고기를 사용하여 만든 샤브샤브(涮羊肉) 등이 있다.

(2) 상해요리(沪菜)

중국 중부지방의 대표적인 요리로 남경(南京), 상해(上海), 양주(杨州), 소주(苏州) 등지의 요리를 총칭한다. "어미지향(鱼米之乡)"이라 불리는 이곳은 따뜻한 기후와 양자강으로 인해 농산물과 해산물이 풍부하여 다양한 요리를 발전시켰다. 상해요리는 이 지방 특산물인 간장(酱油)을 사용하여 만드는 것이 큰 특징이며 간

장이나 설탕으로 달콤하게 맛을 내는 찜이나 조림요리가 발달했다. 돼지고기에 진간장을 사용해서 만든 홍소육(红烧肉)과 바닷게로 만든 부용청해(芙蓉淸蟹), 기름에 튀겨낸 새우요리인 요우빠오허샤(油爆河虾)와 샤즈따우선(虾子大乌参), 전통의 맛을 자랑하는 자오보토우(糟钵头), 칭위투페이(青鱼秃肺), 홍샤오후이위(红烧回鱼) 등이 대표적인 요리이다.

(3) 사천요리(川菜)

중국 사천은 독특한 분지 지형으로 인해 매우 덥고 습하다. 따라서 사천요리는 쉽게 부패하는 것을 방지하기 위해 향신료(香辛料)와 고추, 후추, 마늘, 생강, 파 등을 많이 사용한 매운 요리가 발달하였다. 사천에는 "매울까봐 걱정하지 않고 맵지 않을까를 걱정한다.(不怕辣, 怕不辣)"라는 말이 있을 정도로 사천요리 하면 매운 음식의 대명사로 통한다. 대표적인 요리로는 고추를 넣은 두부와 다진 고기를 이용한 마파두부(麻婆豆腐), 샤부샤부처럼 큰 양푼에 담긴 육수에 여러 가지 야채를 넣고 끓이면서 각종 육류나 버섯 등을 데친 뒤 양념장에 찍어 먹는 화과(火锅) 등이 있다.

(4) 광둥요리(粤菜)

중국 남부를 대표하는 광둥요리는 "먹거리는 광주에 있다.(食在广州)"라는 말이 있을 정도로 그 다양성에서 중국을 대표한다. 광둥요리는 광주(广州)를 중심으로 복건(福建), 조주(潮州), 동강(东江) 등의 지방요리를 총칭한다. 광둥지방은 아열대에 위치하고 바다와 분지가 있어 농수산물이 풍부한 곳이다. 광둥요리는 대체로 그 맛이 담백하고 개운한 것이 특징이다. 재료는 네 발 달린 짐승이면 무엇이든 된다고 할 정도로 기상천외한 요리가 많다. 대표적인 요리로는 룽후더우(龙虎斗), 추이피루주(脆皮乳猪), 원창지(文昌鸡), 사오어(烧鹅), 메이차이커우러우(梅菜扣肉) 등이 있다.

第十四课

接受点菜

주문받기

第十四课　接受点菜 주문받기

两位喝点什么? 두 분 무엇을 마시겠습니까?

새로운 단어 (CD 40)

原豆咖啡	yuándòukāfēi	[명]	원두커피
拿铁咖啡	nátiěkāfēi	[명]	카페라테
咖啡厅	kāfēitīng	[명]	커피숍, 카페(cafe)
糕点	gāodiǎn	[명]	다과
茶点	chádiǎn	[명]	다식
过目	guòmù	[동]	훑어보다, 한번 보다

课文

맛있는 본문 (CD 41)

服务员: 两位喝点什么?
Liǎngwèihēdiǎnshénme?

客人: 请来两杯咖啡。来一杯原豆咖啡和一杯拿铁咖啡。
Qǐngláiliǎngbēikāfēi。Láiyìbēiyuándòukāfēihéyìbēinátiěkāfēi。

服务员: 一杯原豆咖啡和一杯拿铁咖啡，对吗?
Yìbēiyuándòukāfēihéyìbēinátiěkāfēi，duìma?

客人: 对。
Duì。

服务员: 请稍等。
Qǐngshāoděng。

잠시 후(稍后)

服务员: 打扰一下，请问，原豆咖啡是哪位的?
Dǎrǎoyíxià, qǐngwèn, yuándòukāfēishìnǎwèide?

客人: 是我的, 拿铁咖啡给这位。
Shìwǒde, nátiěkāfēigěizhèwèi。

服务员: 请慢用。
Qǐngmànyòng。

客人: 谢谢。
Xièxie。

服务员: 先生, 您想喝点什么?
Xiānshen, nínxiǎnghēdiǎnshénme?

客人: 这儿都有什么?
Zhèrdōuyǒushénme?

服务员: 有水果汁, 糕点, 各种茶点等等,
Yǒushuíguǒzhī, gāodiǎn, gèzhǒngchádiǎndǐngdǐng,

这是我们的菜单, 请过目。
zhèshìwǒmendecàidān, qǐngguòmù。

客人: 请给我来一杯西红柿汁。
Qǐnggěiwǒláiyìbēixīhóngshìzhī。

服务员: 好的, 请稍等。
Hǎode, qǐngshāodǐng。

잠시 후(稍后)

服务员: 先生，这是您点的西红柿汁。
Xiānsheng, zhèshìníndiǎndexīhóngshìzhī。

客人: 谢谢!
Xièxie!

服务员: 不客气!
Búkèqi!

주요 어법 및 표현

■ 정도보어

동사 혹은 형용사 뒤에서 보충 설명하는 부분을 '보어'라고 한다. 정도보어는 동작이 이루어낸 정도 혹은 동작의 상태를 설명한다. 정도보어와 동사 사이는 구조조사 '得'로 연결한다.

> ⑩ 他说得很快。 그는 말이 매우 빠르다.
>
> 他来的很早。 그는 매우 일찍 왔다.

만약 동사가 목적어를 가지고 있다면 동사를 한번 반복하거나 목적어를 전치한다. 즉 '동사+목적어+동사+得+정도보어', '목적어+동사+得+정도보어'의 형식을 취한다.

> ⑩ 他说汉语说得很好。 그는 중국어를 매우 잘한다.
>
> 他中国菜做得很好。 그는 중국요리를 매우 잘한다.

■ …极了

…极了는 극히, 매우, 아주, 몹시 등의 뜻으로 형용사 뒤에 위치해 뜻을 강조할 때 쓰이며, 형용사 앞에는 부사를 사용하지 않는다.

> ⑩ 冷极了 굉장히 춥다.
>
> 好极了 아주 좋다.
>
> 有意思极了 대단히 재미있다.

자주 쓰는 표현(常用句型) (CD 42)

1. 先生，您想喝点什么? 선생님, 무엇을 마시겠습니까?
   Xiānsheng, nínxiǎnghēdiǎnshénme?

2. 请问您喝茶还是咖啡?
   Qǐngwènnínhēcháháishìkāfēi?
   실례지만 차를 마시겠습니까 아니면 커피를 마시겠습니까?

3. 来一杯原豆咖啡和一杯拿铁咖啡。
   Láiyìbēiyuándòukāfēihéyìbēinátiěkāfēi。
   원두커피 한 잔과 카페라테 한 잔을 주세요.

4. 欢迎下次光临，请慢走! 또 방문해 주십시오. 조심해서 가십시오!
   Huānyíngxiàcìguānglín, qǐngmànzǒu!

플러스 단어

커피명칭(咖啡名称)

拿铁咖啡 nátiěkāfēi(Caffe Latte) 카페라테

欧蕾咖啡 ōulěikāfēi(Café Au Lait) 카페오레

维也纳咖啡 wéiyěnà kāfēi(Vienna Coffee) 비엔나커피

卡布奇诺 kǎbùqínuò(Gappuccino/Cappuccino Coffee) 카푸치노

摩卡咖啡 mókǎkāfēi(Mocha Coffee) 모카커피

蓝山咖啡 lánshānkāfēi(Bluemountain Coffee) 블루마운틴 커피

哥伦比亚咖啡 gēlúnbǐyàkāfēi(Colombia) 콜롬비아 커피

巴西咖啡 bāxīkāfēi(Santos) 브라질 커피

夏威夷咖啡 xiàwēiyíkāfēi(Konafancy) 하와이 커피

浓缩咖啡 nóngsuōkāfēi(Espresso coffee) 에스프레소

浓缩玛奇朵咖啡 nóngsuōmǎqíduǒkāfēi(Espresso Macchiato)
　　　　　　　　　　에스프레소 마키아토

冰咖啡 bīngkāfēi(Iced Coffee) 냉커피

중국차 명칭(中国茶名)

(1) 绿茶 lǜchá 녹차

　　西湖龙井 xīhúlóngjǐng 서호룽정차

　　蒙顶甘露 méngdǐnggānlù 몽정감로차

　　洞庭碧螺春 dòngtíngbìluóchūn 동정벽라춘차

　　信阳毛尖 Xīnyángmáojiān 신양모첨차

(2) 乌龙茶 wūlóngchá 오룽차

　　铁观音 tiěguānyīn 철관음차

(3) 红茶 hóngchá 홍차

　　祁门红茶 qíménhóngchá 기문홍차

　　云南红茶 yúnnánhóngchá 운남홍차

(4) 白茶 báichá 백차

　　白毫银针 báiháoyínzhēn 백호은침차

　　白牡丹 báimǔdān 백모란차

(5) 黄茶 huángchá 황차

　　君山银针 Jūnshānyínzhēn 군산은침차

　　蒙顶黄芽 méngdǐnghuángyá 몽정황아차

(6) 黑茶 hēichá 흑차

　　湖南黑茶 Húnánhēichá 호남흑차

　　普洱茶 pǔěrchá 보이차

연습(练习)

1. 제시된 단어가 들어갈 위치를 찾으세요.

(1) 请A给B我C一杯D西红柿汁。(来)

(2) 先生A, 您B喝C点D什么?(想)

(3) A这儿B有C什么D?(都)

(4) 打扰A, 请问, B原豆咖啡C是哪D一位的?(一下)

2. 다음 단어를 나열하여 완전한 하나의 문장으로 만들어보세요.

(1) 什么 位 两 点 喝

_____。

(2) 一杯 来 和 原豆咖啡 拿铁咖啡 一杯

_____。

(3) 给 请 来 我 西红柿汁 一杯

_____。

(4) 您 请问 喝 咖啡 茶 还是

_____。

3. 다음 대화를 순서에 맞게 연결하세요.

(1) A: 先生, 您想喝点什么?

B: 请给我来一杯西红柿汁。

C: 好的, 请稍等。

D: 这儿都有什么?

E: 有水果汁、糕点、各种茶点等等，这是我们的菜单，请过目。

$\rightarrow \quad \rightarrow \quad \rightarrow \quad \rightarrow$

(2) A: 一杯原豆咖啡和一杯拿铁咖啡，对吗？

B: 两位喝点什么？

C: 请来两杯咖啡。来一杯原豆咖啡和一杯拿铁咖啡。

D: 对。

E: 请稍等。

$\rightarrow \quad \rightarrow \quad \rightarrow \quad \rightarrow$

■ 미니중국상식

중국의 차

중국 차의 종류는 다양하다. 또한 지역에 따라 즐겨 마시는 차 종류가 다르다. 주로 북방지역에서는 화차(花茶)를, 상해와 절강(浙江)성 등 중부지방에서는 녹차(綠茶)를, 복건(福建)성과 광둥(广东)성 등 남부지역에서는 오룽차(乌龙茶)를 즐겨 마신다.

중국은 다양한 차의 종류를 제조방법에 따라 6대 차로 분류했다. 사천성(四川省) 몽정산(蒙顶山)에서부터 시작되었다고 하는 미발효(未发酵) 녹차(绿茶)를 비롯하여, 하얀 꽃이 핀다 하여 백차라고 하는 담백한 백차(白茶), 약간의 발효를 거쳐 찻잎과 수색(水色)이 황색으로 황엽황탕(黄叶黄汤)이 특징인 황차(黄茶), 홍차처럼 향기가 짙으며 녹차처럼 맛이 산뜻한 반발효차인 오룽차(乌龙茶), 찻잎이 흑갈색을 띠고 수색은 갈황색이나 갈홍색을 띠는 후발효차인 흑차(黑茶), 발효가 가장 많이 진행된 홍차(红茶)까지 6대 차의 종류마다 맛과 빛깔이 각각 다르다. 차는 종류에 따라 각각 녹색에서 황록색, 황색, 청갈색, 흑색으로 변하며, 차의 수색(水色)도 녹색에서 황록색, 황색, 청갈색, 홍갈색으로 점차 바뀐다. 또한 흑차에 속하는 보이차(普洱茶)는 오래된 차일수록 가격이 비싸다고 한다.

第十五课

结帐服务

계산서비스

第十五课 结帐服务 계산서비스

请问您付现金还是刷卡?

실례지만 현금으로 지불하시겠습니까? 아니면 카드로 지불하시겠습니까?

새로운 단어 (CD 43)

结帐	jiézhàng	[동]	결제하다, 계산하다
付	fù	[동]	돈을 지급[지불]하다
现金	xiànjīn	[명]	현금
刷卡	shuākǎ	[동]	카드를 긁다, 카드로 결제하다
卡布奇诺	kǎbùqínuò	[명]	카푸치노
夏威夷咖啡	xiàwēiyíkāfēi	[명]	하와이 커피
帐单	zhàngdān	[명]	계산서
确认	quèrèn	[동]	확인하다
发票	fāpiào	[명]	영수증

课文

맛있는 **본문** (CD 44)

客人: 小姐，结帐。
Xiǎojiě, jiézhàng。

服务员: 请问，您付现金还是刷卡?
Qǐngwèn, nínfùxiànjīnháishìshuākǎ?

客人: 现金。
Xiànjīn。

服务员: 好的，请稍等。一杯卡布奇诺是五千块,
Hǎode, qǐngshāoděng。Yìbēikǎbùqínuòshìwǔqiānkuài,

一杯夏威夷咖啡是七千块，一共是一万两千块。
YìbēiXiàwēiyíkāfēishìqīqiānkuài, yígòngshìyíwànliǎngqiānkuài。

这是您的帐单，请您确认一下。
Zhèshìníndezhàngdān, qǐngnínquèrènyíxià。

客人: 对，给您。
Duì, gěinín。

服务员: 您给我两万块，这是找您的八千块钱和发票,
Níngěiwǒliǎngwànkuài, zhèshìzhǎoníndebāqiānkuàiqiánhéfāpiào,

请收好。
qǐngshōuhǎo。

客人:　好的，谢谢！
　　　Hǎode, xièxie!

服务员:　不客气，谢谢您的光临，欢迎下次再来。再见。
　　　Búkèqi, xièxieníndeguānglín, huānyíngxiàcìzàilái. Zàijiàn.

客人:　再见。
　　　Zàijiàn。

주요 어법 및 표현

1. '一共'과 '都'

'一共'과 '都'는 둘 다 '모두'라는 뜻이지만, 서로 바꿔 사용할 수 없다.

(1) 一共

'一共'은 모두, 전부, 합계의 뜻으로 주로 수량의 총계를 나타내며, 뒤에 수량 사구나 수량을 나타내는 의문대명사가 온다.

예 我们班一共有十二个学生。 우리 반에는 모두 12명의 학생이 있다.

一共多少钱? 모두 얼마예요?

一杯卡布奇诺是五千块，一杯夏威夷咖啡是七千块，一共是一万两千块。

카푸치노 커피 한 잔은 5천 원이고, 하와이 커피 한 잔은 7천 원, 모두 만 2천 원입니다.

(2) 都

'都'는 '모두'라는 뜻으로 수량과 관계없이 말하는 대상 전체를 가리킨다.

예 我们都是学生。 우리는 모두 학생이다.

怎么办都可以。 어떻게 하든 모두 괜찮아.

都是我不对。 모두 내 잘못이다.

我们都会说汉语。우리는 모두 중국어를 말할 수 있다.

'都'는 또한 '벌써'라는 뜻으로도 사용할 수 있다.

㉎ 都这么晚了，我们快走吧。벌써 이렇게 늦었으니, 우리 서둘러 갑시다.

都十二点了。快去睡觉吧。벌써 12시야. 얼른 가서 자.

■ '多'와 '少'

'多'와 '少'는 형용사뿐만 아니라 조사로도 쓰이는데 '多+동사', ' 少+동사'의 문형은 주로 '많이 ~하다'라는 뜻으로 조사로 쓰인다.

㉎ 我在酒店多住了一天。저는 호텔에서 하루 더 묵었습니다.

酒店的退房结帐时间是上午十点,

호텔의 체크아웃 계산시간은 오전 10시이고,

十二点半以后退房多算一天。

12시 이후에 체크아웃하시면 하루 더 계산됩니다.

今天天气热，我少穿了一件衣服。

오늘 날씨가 더워서, 나는 옷 한 벌을 적게 입었다.

今天早上我少吃了一个面包。

오늘 아침 나는 평소보다 빵 하나를 적게 먹었다.

자주 쓰는 표현(常用句型) (CD 45)

1. 现在可以为您结帐吗? 지금 계산해 드려도 되겠습니까?
   Xiànzàikěyǐwèinínjiézhàngma?

2. 这是找您的钱和发票，请收好。 여기 거스름돈과 영수증 받으십시오.
   Zhèshìzhǎoníndeqiánhéfāpiào, qǐngshōuhǎo。

3. 请问，您付现金还是刷卡?
   Qǐngwèn, nínfùxiànjīnháishìshuākǎ?
   실례지만, 현금으로 지불하시겠습니까 아니면 카드로 지불하시겠습니까?

4. 这是您的帐单，请您确认一下。 여기 계산서입니다. 한번 확인해 보십시오.
   Zhèshìníndezhàngdān, qǐngnínquèrènyíxià。

플러스 단어(패스트푸드 명칭 快餐名称)

麦当老 màidānglǎo 맥도날드

肯德鸡 kěndéjī KFC

必胜客 bìshèngkè 피자헛

乐天利 lètiānlì 롯데리아

汉堡包 hànbǎobāo 햄버거

炸鸡 zhájī 치킨

比萨饼 bǐsàbǐng 피자

百事可乐 bǎishìkělè 펩시

番茄酱 fānqiéjiàng 케첩

沙拉 shālā 샐러드

黄油 huángyóu 버터

果酱 guǒjiàng 잼

炸薯条 zháshǔtiáo 감자튀김

三明治 sānmíngzhì 샌드위치

热狗 règǒu 핫도그

연습(练习)

1. 본문을 참고하여 회화를 완성해 보세요.

(1) 客人: 小姐, _____。

服务员: 请问，您付现金还是 _____？

(2) 服务员: 这是您的帐单，请您 _____。

客人: 对，给您。

(3) 服务员: 您给我两万块，这是找您的八千块钱和发票，请_____。

客人: 好的，_____！

(4) 服务员: 谢谢您的光临，欢迎 _____。再见。

客人: 再见。

2. 다음 단어로 문장을 만들어보세요.

(1) 一共: _____。

(2) 帐单: _____。

(3) 确认: _____。

(4) 刷卡: _____？

■ 미니중국상식

중국의 차(茶)문화

중국은 차를 즐겨 마시는 것으로 유명할 뿐만 아니라 다도(茶道)와 다예(茶艺), 다학(茶学) 등의 차문화(茶文化)로도 유명하다. 또한 차를 마시는 것은 차를 즐기는 것도 있지만 질병 예방에 목적을 두기도 한다. 차의 효능에 대한 연구는 절강대학을 비롯하여 여러 대학 연구기관에서 연구를 진행하고 있다.

중국 차문화의 역사를 살펴보면 우선 차를 약으로 여기던 고대로부터 시작된다. 중국 현존 최초의 고대 한의학 전문서적인 《신농본초(神农本草)》에는 "신농씨가 백 가지가 넘는 풀을 맛보고, 어느 날 72가지 종류의 독에 중독되었는데 차를 통해서 해독되었다(神农尝百草, 日遇七十二毒, 得荼而解之)"라는 말이 있다. 이는 차의 효능이 해독(解毒)에 있음을 수천 년 전부터 사람들이 이미 알고 있었음을 알 수 있다. 중국 삼국시대의 명의 화타(华陀)는 "차는 맛이 쓰지만 오랫동안 마시면 정신을 맑게 하는 데 도움이 된다.(苦荼久食益意思)"라고 했고, 중국의 유명한 본초학자인 이시진(李時珍)은 《본초강목(本草纲目)》에서 "차는 쓰고 찬 성질이 있어, 화를 내리는 데 가장 좋다. 화는 백병의 원인이다.(茶苦而寒, 最能降火, 火為百病)"라고 하여 차의 효능을 설명했다. 이처럼 약용으로 시작된 중국차는 점차 기호음료로 발전하면서 다양한 차문화를 형성했다. 중국 육우(陆请)의 저서 《다경(茶经)》은 중국의 차문화가 당나라 시기에 이미 형성되어 있었음을 설명해 주고 있다.

중국인들은 우리가 물을 마시는 것과 동일하다고 해도 과언이 아닐 정도로 차를 즐겨 마신다. 하지만 비록 몸에 좋은 차라 할지라도 차를 선별해서 마셔야 한다. 차를 구매할 때는 반드시 QS표식, 무공해인증, 유기농차인증, 원산지인증 등을 꼼꼼히 확인해야 한다.

관광안내 旅游咨询

관광안내서비스
旅游咨询服务

第十六课

旅游咨询服务

관광안내서비스

第十六课 旅游咨询服务 관광안내서비스

请问，酒店附近有哪些旅游景点?

실례지만, 호텔 인근에 어떤 관광명소들이 있나요?

새로운 단어 (CD 46)

旅游	lǚyóu	[동]	여행하다, 관광하다
景点	jǐngdiǎn	[명]	경치가 좋은 곳, 명소
离	lí	[개]	…로부터, …까지
远	yuǎn	[형]	(공간적·시간적으로) 멀다
景福宫	jǐngfúgōng	[유적]	(한국) 경복궁
昌德宫	chāngdégōng	[유적]	(한국) 창덕궁
仁寺洞	rénsìdòng	[지명]	(한국) 인사동
宫殿	gōngdiàn	[명]	궁전
特点	tèdiǎn	[명]	특징, 특색
朝鲜	Cháoxiǎn	[명]	조선
时期	shíqī	[명]	(특정한) 시기
注重	zhùzhòng	[동]	중시하다, 중점을 두다

自然	zìrán	[명]	자연
风貌	fēngmào	[명]	풍경, 경치, 풍광
巧妙	qiǎomiào	[형]	교묘하다
利用	lìyòng	[동]	이용[활용·응용]하다
空间	kōngjiān	[명]	공간
古建筑	gǔjiànzhù	[명]	고건축물
典范	diǎnfàn	[명]	모범, 전범, 본보기
联合国教科文组织	Liánhéguó Jiàokēwén Zǔzhī	[명]	유네스코(UNESCO)
指定	zhǐdìng	[동]	지정하다, 확정하다
世界文化遗产	shìjièwénhuàyíchǎn	[명]	세계문화유산
值得	zhídé	[동]	…할 만한 가치가 있다
解说员	jiěshuōyuán	[명]	해설사, 해설자
太…了	tài…le	[문형]	너무… 하다

客人: 请问，酒店附近有哪些旅游景点？
Qǐngwèn, jiǔdiànfùjìnyǒunǎxiēlǚyóujǐngdiǎn?

服务员: 离酒店不远有景福宫，昌德宫，明洞，仁寺洞等。
Líjiǔdiànbùyuǎnyǒujǐngfúgōng, chāngdégōng, míngdòng, rénsìdòngděng.

客人: 景福宫和昌德宫都是宫殿有什么特点？
Jǐngfúgōnghéchāngdégōngdōushìgōngdiànyǒushénmetèdiǎn?

服务员: 景福宫是朝鲜时期的正宫，
JǐngfúgōngshìCháoxiǎnshíqīdezhènggōng,

昌德宫是注重自然风貌，
chāngdégōngshìzhùzhòngzìránfēngmào,

巧妙利用自然空间的韩国古建筑典范，
qiǎomiàolìyòngzìránkōngjiāndeHánguógǔjiànzhùdiǎnfàn,

又是联合国教科文组织指定的世界文化遗产。
yòushìLiánhéguójiàokēwénzǔzhīzhǐdìngdeshìjièwénhuàyíchǎn.

如果您有时间的话，景福宫和昌德宫都值得一看。
Rúguǒnínyǒushíjiāndehuà, jǐngfúgōnghéchāngdégōngdōuzhídéyíkàn.

客人: 是吗？有解说员吗？
Shìma? yǒujiěshuōyuánma?

服务员: 有，两个宫殿都有汉语解说员。
Yǒu, liǎnggegōngdiàndōuyǒuhànyǔjiěshuōyuán。

客人: 太好了。我明天就去参观一下景福宫和昌德宫。
Tàihǎole。Wǒmíngtiānjiùqùcānguānyíxiàjǐngfúgōnghēchāngdégōng。

服务员: 祝您旅游愉快!
Zhùnínlǚyóuyúkuài!

客人: 谢谢!
Xièxie!

服务员: 不客气!
Búkèqi!

플러스 단어(한식명칭)

泡菜 pàocài 김치

泡菜汤 pàocàitāng 김치찌개

大酱汤 dàjiàngtāng 된장찌개

辣椒酱 làjiāojiàng 고추장

紫菜 zǐcài 김

紫菜包饭 zǐcàibāofàn 김밥

自助餐 zìzhùcān 뷔페

炒年糕 chǎoniángāo 떡볶이

米肠 mǐcháng 순대

石锅拌饭 shíguōbànfàn 돌솥비빔밥

参鸡汤 shēnjītāng 삼계탕

五花肉 wǔhuāròu 삼겹살

葱饼 cōngbǐng 파전

糖饼 tángbǐng 호떡

鸡肉串 jīròuchuàn 닭꼬치

韩式套餐 hánshìtàocān 한정식

排骨 páigǔ 갈비

冷面 lěngmiàn 냉면

연습(练习)

1. 괄호 안의 단어가 들어갈 알맞은 위치를 찾아보세요.

 (1) 离A酒店B有C景福宫、昌德宫、明洞、仁寺洞D等。(不远)

 (2) 昌德宫A是B联合国教科文组织C的世界文化遗产D。(指定)

 (3) 请问，A酒店B有哪些C旅游D景点?(附近)

 (4) 我A明天B就去C一下D景福宫和昌德宫。(参观)

 (5) 如果A您有B时间的话，C景福宫和昌德宫都D一看。(值得)

2. 다음 단어들을 조합하여 하나의 완전한 문장을 만들어보세요.

 (1) 宫殿　　有　　解说员　　都　　汉语　　两个

 　　_____。

 (2) 明天　　去　　参观　　我　　和　　昌德宫　　景福宫

 　　_____。

 (3) 和　　景福宫　　都　　值得　　昌德宫　　一看

 　　_____。

 (4) 是　　昌德宫　　指定　　联合国教科文组织　　的　　世界文化遗产

 　　_____。

관광명소 소개 (CD 48)

창덕궁 소개(介绍昌德宫)

　　昌德宫是韩国现存的古代王宫中最负圣名的地方。又是联合国教科文组织指定的世界文化遗产。是注重自然风貌、巧妙利用自然空间的韩国古建筑典范。昌德宫的后苑是王室后花园。堪称韩国庭园建筑的代表作。国内外游客络绎不绝。为了让游客更好的游览昌德宫，也为了更好的保护世界文化遗产，昌德宫实行普通游览和特别游览两种方式的游览。普通游览只含宫殿建筑区域，游客可以选择由解说员带领的团体游览，也可以自由参观。特别游览限定为后苑，游客只能在导游陪同下参观。有汉语解说员，游客可根据自身需要选择参观。

■ 미니중국상식 - 중국의 명승지

만리장성

   만리장성은 세계문화유산으로 등재되어 있는 중국 최대의 건축물이다. 인류 최대의 토목공사라고 불리는 만리장성은 북쪽 흉노족의 침입을 막기 위해 진시황(秦始皇)이 증축하여 쌓은 산성이다. 명나라 때 대대적으로 확장하여 지금의 장성 모습을 갖추게 되었다.

   현재 남아 있는 장성 터로는 북경 주변의 팔달령 장성(八达岭长城)을 비롯해서 명나라 때 장성의 최동단인 산해관(山海关)과 최서단인 가욕관(嘉峪关), 둔황 근처에 있는 한대의 장성인 옥문관(玉门关) 등이 있다. 북경 근교에 잘 보존되어 있는 팔달령 장성과 관문인 거용관(居庸关) 등은 관광객들이 가장 많이 찾는 관광 명소이다.

APPENDIX

부 록

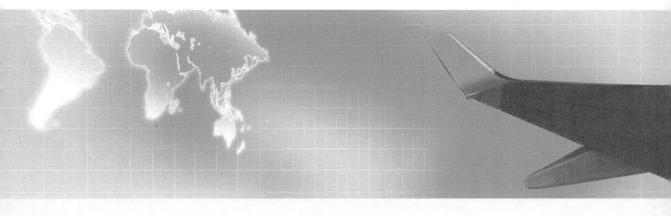

부록 1(附录Ⅰ) 본문해석

第一课 방을 예약하려고 합니다

직원: 안녕하세요! 롯데호텔 프런트입니다. 실례지만 무엇을 도와드릴까요?

손님: 방을 예약하려고 합니다.

직원: 네, 실례지만 방은 어느 날짜로 예약하시겠습니까?

손님: 내일 것으로 하루 묵을 것입니다. 실례지만 1인실은 하루에 얼마입니까?

직원: 1인실은 하루에 8만 원입니다. 성함을 말씀해 주시겠습니까?

손님: 장소명입니다.

직원: 장소명 선생님, 실례지만 선생님은 저의 회원이십니까?

손님: 그렇습니다. 골드회원입니다.

직원: 장 선생님, 전화번호를 말씀해 주시겠습니까?

손님: 13015268989。

직원: 네, 장 선생님께서는 내일 1인실 하나를 예약하셔서 하루 묵으시고 객실요
금은 8만 원이며 연락 가능한 전화번호는 13015268989입니다. 맞습니까?

손님: 맞습니다.

직원: 장 선생님, 저의 도움이 더 필요하십니까?

손님: 아니요, 감사합니다.

직원: 전화 주셔서 감사합니다. 방문을 기다리겠습니다. 그럼 그때 뵙겠습니다!

손님: 네, 그때 뵙겠습니다!

실례지만 어떤 방을 예약하시겠습니까?

직원: 안녕하세요! 무엇을 도와드릴까요?

손님: 방을 예약하려고 합니다.

직원: 네, 어느 날짜로 예약하시겠습니까?

손님: 1월 20일의 방을 예약하려고 합니다.

직원: 실례지만 어떤 방을 예약하시겠습니까?

손님: 2인실 2개로 해주세요.

직원: 네, 잠깐만 기다려주세요, 제가 예약상황을 한번 확인해 보겠습니다.……
　　　오래 기다리시게 해서 죄송합니다. 1월 20일 2인실 2개로 예약 가능합니다.
　　　실례지만 성함이 어떻게 되세요?

손님: 왕연입니다.

직원: 왕연님, 며칠 묵으실 예정이십니까?

손님: 이틀이요.

직원: 왕연님 전화번호는 몇 번이십니까?

손님: 13015268989입니다.

직원: 네. 왕연님께서는 1월 20일 2인실 2개를 예약하셔서, 이틀을 묵으시고, 연
　　　락처는 13015268989입니다. 맞습니까?

손님: 맞습니다.

직원: 왕연님, 저의 도움이 더 필요하십니까?

손님: 아니요.

직원: 예약해 주셔서 감사합니다. 방문을 기다리겠습니다. 그럼 그때 뵙겠습니다!

손님: 그때 뵙겠습니다!

실례지만 예약하셨습니까?

직원: 안녕하세요? 신라호텔에 오신 것을 환영합니다. 무엇을 도와드릴까요?

손님: 투숙하려고 합니다.

직원: 실례지만 예약하셨습니까?

손님: 네, 이름은 이명이라고 합니다.

직원: 잠깐만 기다려주세요.······

이 선생님께서는 오늘 룸으로 디럭스룸 하나를 예약하셨고 하루 묵을 예정입니다.

손님: 맞습니다.

직원: 이 선생님, 여권 좀 보여주십시오.

손님: 네.

직원: 이 선생님, 여권 받으시고요. 이것은 방 키입니다. 선생님 방은 6층이고, 방 번호는 618호입니다.

손님: 실례지만 엘리베이터는 어디에 있나요?

직원: 엘리베이터는 프런트 좌측에 있습니다. 즐거운 시간 되세요!

손님: 감사합니다!

직원: 별말씀을요.

직원: 안녕하세요! 롯데호텔에 오신 것을 환영합니다. 실례지만 예약하셨습니까?

손님: 네, 한중여행사에서 우리에게 일반실 10개를 예약해 주셨습니다.

직원: 단체 명칭을 알려주시겠습니까?

손님: 베이징교사팀입니다.

직원: 잠깐만 기다려주세요! 제가 한번 확인해 보겠습니다. …… 맞습니다. 한중여행사에서 베이징교사팀을 위해 5일 묵으실 일반실 10개를 예약하셨습니다.

손님: 맞습니다. 이것은 저의 단체 명단입니다.

직원: 네, 이것은 방 키와 조식권입니다.

손님: 감사합니다!

직원: 별말씀을요!

 第四课 짐을 맡기려고 합니다

직원: 안녕하세요, 무엇을 도와드릴까요?

손님: 이 짐들을 맡기려고 합니다.

직원: 네, 모두 3개 맞습니까?

손님: 맞습니다.

직원: 실례지만, 대략 언제 찾아가실 예정입니까?

손님: 두 시간 뒤에요.

직원: 네, '짐 보관카드'를 작성해 주시겠습니까?

손님: 네.

직원: '짐 보관카드'를 잘 보관하십시오.

손님: 감사합니다.

직원: 별말씀을요.

직원: 안녕하세요, 무엇을 도와드릴까요?

손님: 맡겨둔 짐을 좀 찾으려고 합니다.

직원: 네, '짐 보관카드'를 보여주시겠습니까?

손님: 여기 '짐 보관카드'입니다.

직원: 네, 잠시만 기다려주세요. ……이 짐 맞으십니까?

손님: 맞습니다.

직원: 다시 한 번 확인하십시오.

손님: 맞습니다. 틀림없습니다.

직원: 무엇을 더 도와드릴까요?

손님: 아니요. 감사합니다.

직원: 별말씀을요. 안녕히 가세요!

손님: 안녕히 계세요!

第五课　서류 한 장을 복사하려고 합니다

직원: 안녕하세요, 무엇을 도와드릴까요?

손님: 서류 한 장 복사하려고 합니다.

직원: 복사하시려는 원본을 저에게 주시겠습니까?

손님: 네, 여기 있습니다.

직원: 이것은 복사본입니다. 이렇게 하면 되겠습니까?

손님: 네, 얼마입니까?

직원: 백 원입니다. 이것은 원본입니다. 잘 챙기십시오.

손님: 돈 여기 있습니다.

직원: 감사합니다. 안녕히 가세요.

 第六课 제가 명동에 가려고 하는데 어떻게 가야 할지 모르겠어요

직원: 안녕하세요? 무엇을 도와드릴까요?

손님: 제가 명동에 가려고 하는데 어떻게 가야 할지 모르겠어요.

직원: 지하철 2호선을 타고 명동에서 하차하셔서, 6번 출구로 나가시면 바로 명동입니다.

손님: 그래요? 감사합니다!

직원: 저의 도움이 더 필요하십니까?

손님: 아니요, 감사합니다!

직원: 즐거운 시간 되세요. 안녕히 가세요.

손님: 안녕히 계세요.

직원: 안녕하세요!

손님: 안녕하세요! 실례지만 근처에 카지노장이 있나요?

직원: 있습니다, 차 타시고 30분 정도 가면 워커힐 파라다이스카지노가 있습니다.

손님: 워커힐카지노에는 어떤 게임들이 있나요?

직원: 워커힐 파라다이스카지노는 라스베이거스 스타일의 외국인 전용 카지노로 블랙잭, 바카라, 룰렛, 다이사이 등 각종 게임이 있으며, 테이블 79대와 160여 대의 슬롯머신이 운영되고 있습니다.

손님: 그래요? 그럼 한 번 가봐야겠네요. 감사합니다.

직원: 감사합니다.

第七课 저는 체크아웃하려고 합니다

직원: 안녕하세요? 실례지만 무엇을 도와드릴까요?

손님: 체크아웃하려고 합니다.

직원: 방 번호는 몇 호십니까?

손님: 715호 방입니다. 이것은 방 키입니다.

직원: 실례지만 미니바와 냉장고에 있는 음료수를 드셨습니까?

손님: 아니요.

직원: 네, 잠깐만 기다려주십시오.… 5일부터 8일까지 모두 4일 묵으셨습니다. 조식을 포함하여 모두 46만 원입니다.

손님: 카드결제 되나요?

직원: 물론입니다.

손님: 신용카드 여기 있습니다.

직원: 서명해 주십시오.

손님: 네.

직원: 영수증 받으십시오.

손님: 감사합니다.

직원: 별말씀을요. 다음에 또 방문해 주십시오. 안녕히 가십시오.

손님: 안녕히 계세요.

第八课　방을 바꿔주세요

직원: 안녕하세요? 무엇을 도와드릴까요?

손님: 8202호방 손님입니다. 저의 방 에어컨이 시원하지 않습니다. 방을 바꿔주세요.

직원: 불편을 드려 죄송합니다. 잠깐만 기다려주세요.……
지금 바로 8211호방으로 옮겨드리면 되겠습니까?

손님: 네.

직원: 방 카드키를 제시해 주세요. 제가 새로운 카드를 만들어드리겠습니다.

손님: 여기 제 방 카드키입니다.

직원: '변경통지서'에 서명해 주십시오.

손님: 네.

직원: 여기 새로운 카드키 받으십시오. 짐을 옮겨드릴까요?

손님: 아니요, 감사합니다.

직원: 별말씀을요. 불편 드린 점 깊이 사과드립니다.

第九课　몇 시에 모닝콜 해드릴까요?

직원: 안녕하세요? 프런트입니다. 무엇을 도와드릴까요?

손님: 모닝콜이 필요합니다.

직원: 네, 방 번호를 알려주시겠습니까?

손님: 8206호 방입니다.

직원: 성함을 말씀해 주시겠습니까?

손님: 진소연이라고 합니다.

직원: 진소연님, 모닝콜은 몇 시에 해드릴까요?

손님: 내일 아침 7시요.

직원: 네, 진소연님 8206호 방이시고 내일 아침 7시에 모닝콜이 필요하신 것 맞습니까?

손님: 맞습니다. 감사합니다.

직원: 별말씀을요. 도움이 더 필요하십니까?

손님: 아니요.

직원: 즐거운 시간 되시고, 안녕히 가세요.

손님: 안녕히 계세요.

第十课　세탁할 옷을 맡기려고 합니다

직원: 안녕하세요! 객실서비스부입니다.

손님: 안녕하세요! 세탁 맡길 옷이 있습니다. 저의 방은 2188호입니다.

직원: 네, 직원을 2188호로 수거하러 바로 보내겠습니다.

손님: 감사합니다!

잠시 후

직원: 안녕하세요! 객실직원입니다. 제가 세탁하실 옷을 수거해도 되겠습니까?

손님: 네, 여기 제가 세탁을 맡기려는 옷입니다.

직원: 감사합니다. 세탁물 명세서는 세탁봉투에 넣어두셨죠?

손님: 네. 참, 세탁 맡긴 옷은 언제 찾을 수 있나요?

직원: 내일 점심 전에 받으실 수 있습니다.

손님: 감사합니다!

다음날

직원: 안녕하세요? 객실직원입니다. 제가 들어가도 될까요?

손님: 무슨 일인지요?

직원: 손님께서 어제 맡기신 세탁물을 가져왔습니다. 확인 한 번 하시고 서명해
주세요.

손님: 네, 감사합니다.

직원: 별말씀을요. 안녕히 계세요.

손님: 안녕히 가세요.

第十一课 방에서 식사하려고 합니다

직원: 안녕하세요? 객실서비스부입니다.

손님: 제가 방에서 식사하려고 하는데요.

직원: 네, 선생님. 저희 아침식사로 미국식 조식을 제공하는 데 괜찮으시겠습니까?

손님: 괜찮습니다.

직원: 성함과 방 번호를 말씀해 주시겠습니까?

손님: 저는 이명이라고 하고요, 저의 방은 1568호입니다.

직원: 이명 선생님, 1568호이시고, 미국식 아침식사 1인분을 주문하셨습니다. 맞습니까?

손님: 맞습니다.

직원: 주문하신 아침식사 곧 가져다 드리겠습니다.

손님: 알겠습니다.

잠시 후

직원: 안녕하세요? 룸서비스입니다. 제가 들어가도 될까요?

손님: 물론입니다. 들어오세요.

직원: 실례지만, 식사는 어디다 차려드릴까요?

손님: 여기요.

직원: 식사 다 차려드렸습니다. 사인해 주시겠습니까?

손님: 네.

직원: 그리고, 식사를 마치시고, 음식카트는 문 앞에 놔두시겠습니까?

손님: 네, 감사합니다!

직원: 별말씀을요!

第十二课 안녕하세요! 양식 레스토랑입니다

직원: 안녕하세요! 양식 레스토랑입니다.

손님: 안녕하세요! 오늘 저녁 6시 4인 테이블을 예약하려고 합니다.

직원: 네, 성함을 알려주시겠습니까?

손님: 이명이라고 합니다.

직원: 이명 선생님, 오늘 저녁 6시 4인 테이블로 예약하시는 것 맞습니까?

손님: 맞습니다.

직원: 예약해 주셔서 감사드립니다. 도움이 더 필요하십니까?

손님: 아니요, 감사합니다!

직원: 별말씀을요. 그럼 그때 뵙겠습니다!

손님: 네, 그때 뵙겠습니다!

실례지만 주문하시겠습니까?

직원: 안녕하세요? 어서 오십시오. 실례지만 예약하셨습니까?

손님1: 네, 4인 테이블로 예약했습니다.

직원: 네, 두 분 이쪽으로 오십시오.

손님1: 이 선생님, 앉으세요. 여기 차림표 한번 보세요.

주문서비스

직원: 안녕하세요? 선생님, 실례지만 주문하시겠습니까?

손님1: 네, 김 선생님께서는 무엇을 드시겠습니까?

손님2: 저는 스테이크를 주세요.

손님1: 스테이크 2인분 주세요.

직원: 스테이크는 미디엄으로 할까요? 웰던으로 익힐까요?

손님1: 미디엄으로 익혀주세요.

직원: 네, 선생님께서는 스테이크 2인분 미디엄으로 주문하셨습니다. 맞습니까?

손님1: 맞습니다. 좀 빨리 해주시겠습니까?

직원: 네, 잠깐만 기다리십시오.

잠시 후

직원: 죄송하지만 잠깐 실례하겠습니다. 주문하신 스테이크입니다. 맛있게 드세요.

손님1: 감사합니다!

직원: 별말씀을요.

직원: 실례지만 두 분 무엇을 드시겠습니까?

손님1: 이 선생님은 무엇을 좋아하세요?

손님2: 무엇이든 괜찮아요.

손님1: 그럼 위샹러우쓰 하나, 마파두부 하나 그리고 국수 두 그릇 시키면 되겠 습니까?

손님2: 모두 사천요리죠? 많이 맵나요?

손님1: 아니요, 마파두부 외에는 모두 맵지 않아요.

손님2: 네.

직원: 두 분 무엇을 마시겠습니까?

손님1: 이 선생님은 무엇을 마실래요?

손님2: 저는 맥주 좀 마시겠습니다.

손님1: 종업원, 맥주 한 병 더 주세요.

직원: 네, 잠깐만 기다려주세요.

손님1: 네.

第十四课 두 분 무엇을 마시겠습니까?

직원: 두 분 무엇을 마시겠습니까?

손님: 커피 두 잔 주세요. 원두커피 한 잔하고 카페라테 한 잔 주세요.

직원: 원두커피 한 잔과 카페라테 한 잔 맞습니까?

손님: 맞습니다.

직원: 잠깐만 기다려주세요.

잠시 후

직원: 잠깐 실례하겠습니다. 실례지만 원두커피는 어느 분께 드릴까요?

손님: 저에게 주시고, 카페라테는 이분께 드리세요.

직원: 맛있게 드세요.

손님: 감사합니다.

직원: 선생님, 무엇을 마시겠습니까?

손님: 뭐가 있어요?

직원: 과일주스, 다과, 각종 다식 등이 있습니다. 이것은 차림표입니다. 한번 보십시오.

손님: 토마토주스 한 잔 주세요.

직원: 네, 잠깐만 기다려주세요.

잠시 후

직원: 선생님, 주문하신 토마토주스입니다.

손님: 감사합니다!

직원: 별말씀을요.

 第十五课 실례지만 현금으로 지불하시겠습니까?
아니면 카드로 지불하시겠습니까?

손님: 아가씨, 계산요.

직원: 실례지만, 현금으로 지불하시겠습니까 아니면 카드로 지불하시겠습니까?

손님: 현금요.

직원: 네, 잠깐만 기다려주세요. 카푸치노 한 잔에 5천 원이고, 하와이 커피 한 잔에 7천 원 합계 1만 2천 원입니다. 여기 계산서입니다. 한번 확인해 보십시오.

손님: 맞습니다. 여기 있습니다.

직원: 저에게 2만 원을 주셨습니다. 여기 거스름돈 8천 원과 영수증 받으십시오.

손님: 네, 감사합니다.

직원: 별말씀을요, 방문해 주셔서 감사합니다. 다음에 또 오십시오. 안녕히 가세요.

손님: 안녕히 계세요.

第十六课 실례지만, 호텔 인근에 어떤 관광명소들이 있나요?

손님: 실례지만, 호텔 인근에 어떤 관광명소들이 있나요?

직원: 호텔에서 멀지 않은 곳에 경복궁, 창덕궁, 명동, 인사동 등이 있습니다.

손님: 경복궁과 창덕궁 모두가 궁궐인데 어떤 특징이 있습니까?

직원: 경복궁은 조선시대 법궁이고, 창덕궁은 자연경관을 중요시하여 자연공간을 절묘하게 활용한 대표적인 한국 옛 건축물이자 유네스코에서 지정한 세계문화유산입니다. 만약 시간이 되신다면 경복궁과 창덕궁 모두 한번 가볼 만한 충분한 가치가 있습니다.

손님: 그래요? 해설사분이 있나요?

직원: 있습니다. 두 궁궐 모두 중국어 해설사분이 계십니다.

손님: 잘됐네요. 내일 바로 경복궁과 창덕궁을 한번 가봐야겠네요.

직원: 즐거운 여행 되십시오!

손님: 감사합니다!

직원: 별말씀을요!

부록 2(附录Ⅱ) **모범답안**

第一课

1. (1) 需要/ 预订/ 多少/ 告诉　　(2) 会员/ 金卡/ 号码　　(3) 房价 / 帮忙/ 光临

2. 预订房间 / 我们的会员 / 需要我帮忙的 / 期待您的光临 / 告诉我您的姓名

3. (1) 预订房间。(2) 单人间一天多少钱 (3) 您的姓名 (4) 金卡会员 (5) 谢谢您来电话

第二课

1. (1) 什么　(2) 预订　(3) 哪一天　(4) 种　(5) 个

　(6) 查　　(7) 住　　(8) 联系电话　(9) 期待

2. 对话1 预订房间 / 预订哪种 / 单人间 / 几天　对话2 电话号码 / 对

　对话3 可以了(没有) / 再见

3. (1) 预订哪种房间　(2) 两个双人间　(3) 久等　(4) 谢谢您的预订

第三课

1. (1) 新罗酒店 / 住 / 预订 / 叫　　(2) 豪华间 / 一天 / 出示一下

2. (1) A　(2) D　(3) D　(4) D　(5) B　(6) C　(7) B　(8) D　(9) B　(10) D

3. (1) 欢迎光临乐天酒店　(2) 这是我们团队的名单　(3) 您需要叫早服务吗

　(4) 这是您的早餐券　(5) 餐厅在三楼　(6) 这是房间的钥匙　(7) 祝您度过愉快的时间

第四课

1. (1) 帮 / 寄存　(2) 什么时候 / 以后 / 填写 / 保管

2. (1) C　(2) B　(3) B　(4) D　(5) B　(6) C

3. (1) 一共是三件对吗　　　　(2) 我马上去拿　　　　(3) 行李寄存卡在这儿

　　(4) 请您保管好行李寄存卡　　(5) 大概两个小时以后来取

第五课

1. (1) 复印一张文件　(2) 我想打印文件　(3) 您收好　(4) 多少钱　(5) 需要什么帮助

2. (1) 请问您要复印多少份?　　　　(2) 我想打印资料

　　(3) 请您把需要复印的原件给我好吗?　(4) 这是需要复印的原件

第六课

1. (1) A需要　(2) D怎么　(3) B 出去　(4) C也是　(5) A等　(6) D 配备

2. (1) D　(2) B　(3) C　(4) D　(5) B　(6) B

3. (1) 请问附近有娱乐场所吗　(2) 我得去看一看　(3) 从6号出口出去就是

　　(4) 华克山庄卡西诺赌场是外国人专用赌场　　　(5) 还有需要我帮忙的吗

第七课

1. (1) 房间号码 / 我的房卡钥匙 /　(2) 刷卡 / 可以　(3) 光临 / 再见

2. (1) A　(2) C　(3) B　(4) C　(5) A

第八课

1. (1) 空调　(2) 不便　(3) 搬运　(4) 签名　(5) 免费
2. (1) 空调不凉快　(2) 请出示您的房卡　(3) 签名 / 好的　(4) 收好 / 搬运　(5) 不用了
3. (1) 请在这儿签名　　　(2) 请出示您的房卡
   (3) 需要为您搬运行李吗?　(4) 给您带来了不便我们深表歉意。

第九课

1. (1) 我需要叫醒服务　　　　(2) 祝您愉快
   (3) 请您告诉我您的房间号码, 好吗　(4) 还有需要我帮忙的吗
2. (1) 请问您需要几点叫醒　(2) 请您告诉我您的房间号码, 好吗
   (3) 还有需要我帮忙的吗　(4) 祝您愉快　(5) 您的房间是8206号对吗
3. (1) 我需要叫醒服务。 (2) 8206号房间。　(3) 明天早上七点　(4) 没有了　(5) 再见

第十课

1. (1) B　(2) B　(3) A　(4) C　(5) C
2. (1) 我是客房服务员　(2) 请您签收一下　(3) 这是我要送洗的衣服
   (4) 明天中午之前就能收到　(5) 我来送您昨天送洗的衣服
3. (1) 您好! 客房服务部　(2) 我可以收您送洗的衣服吗　(3) 请告诉我您的房间号码好吗
   (4) 送洗的衣服什么时候能收到　(5) 请您签收一下

第十一课

1. (1) 想　(2) 提供　(3) 告诉　(4) 可以　(5) 签字
2. (1) 可以　(2) 就这儿吧　(3) 好的　(4) 一份美式早餐　(5) 我可以进去吗　(6) 房间用餐

第十二课

1. (1) 告诉　　(2) 叫　　(3) 是　　(4) 桌位　　(5) 还有

2. (1) 四人桌位。　(2) 您的姓名　　(3) 没有了

3. 草莓、菠萝、芒果、杏、李子、西瓜、香瓜、木瓜、哈密瓜、樱桃、桃子、香蕉、苹果、
　 梨、橘子、葡萄、荔枝、石榴、柠檬、柿子、蓝莓、柚子、橙子

第十三课

1. (1) D 除了　　(2) B 点　　(3) D 还是　　(4) C 来

2. (1) 位　　(2) 瓶(杯)　　(3) 份　　(4) 杯 / 杯

3. (1) 我喜欢吃中餐(我喜欢吃西餐)　　(2) 不辣(很辣)

　 (3) 味道好极了　　(4) 我喜欢吃牛排(我喜欢吃川菜)

第十四课

1. (1) C　　(2) B　　(3) B　　(4) A

2. (1) 两位喝点什么　　(2) 来一杯原豆咖啡和一杯拿铁咖啡

　 (3) 请给我来一杯西红柿汁　(4) 请问您喝咖啡还是茶

3. (1) A → D → E → B → C　　(2) B → C → A → E → D

第十五课

1. (1) 结帐 / 刷卡　　(2) 确认一下　　(3) 请收好 / 谢谢　　(4) 下次再来

2. (1) 一共是一万两千块　(2) 这是您的帐单　(3) 请您确认一下　(4) 您付现金还是刷卡?

第十六课

1. (1) B (2) C (3) B (4) C (5) D

2. (1) 两个宫殿都有汉语解说员

(2) 明天我去参观景福宫和昌德宫

(3) 景福宫和昌德宫都值得一看

(4) 昌德宫是联合国教科文组织指定的世界文化遗产

부록 3(附录Ⅲ) 세계 각국의 명칭과 수도명칭

•·· 아시아 ··•

국명	수도명
阿富汗(아프가니스탄)	喀布尔(카불)
阿拉伯也门共和国(예멘)	萨那(사나)
阿曼(오만)	马斯喀特(무스카트)
巴基斯坦(파키스탄)	伊斯兰堡(이슬라마바드)
巴林国(바레인)	麦纳麦(마나마)
不坦(부탄)	廷布(팀부)
大韩民国(대한민국)	首尔(서울)
东帝汶(동티모르)	帝力(딜리)
菲律宾(필리핀)	马尼拉(마닐라)
柬埔寨(캄보디아)	金边(프놈펜)
卡塔尔(카타르)	多哈(도하)
科威特(쿠웨이트)	科威特(쿠웨이트)
老挝(라오스)	万象(비엔티안)
黎巴嫩(레바논)	贝鲁特(베이루트)
马来西亚(말레이시아)	吉隆坡(쿠알라룸푸르)
蒙古(몽골)	乌兰巴托(울란바토르)
孟加拉国(방글라데시)	达卡(다카)
尼伯尔(네팔)	加德满都(카트만두)
日本(일본)	东京(도쿄)
塞浦路斯(키프로스)	尼科西亚(니코시아)
沙特阿拉伯(사우디아라비아)	利雅得(리야드)
斯里兰卡(스리랑카)	科伦坡(콜롬보)
太国(태국)	曼谷(방콕)

土耳其(터키)   安卡拉(앙카라)

文莱(브루나이)   斯里巴加湾(반다르스리브가완)

新加坡(싱가포르)   新加坡(싱가포르)

叙里亚(시리아)   大马士革(다마스쿠스)

也门民主人民共和国(南也门)(남예멘) 亚丁(아덴)

伊拉克(이라크)   巴格达(바그다드)

伊朗(이란)   德黑兰(테헤란)

印度(인도)   新德里(뉴델리)

印度尼西亚(인도네시아) 雅加达(자카르타)

约旦(요르단)   安曼(암만)

越南(베트남)   河内(하노이)

中华人民共和国(중화인민공화국) 北京(베이징)

·· 非洲(아프리카) ··

阿尔及利亚(알제리)   阿尔及尔(알제)

埃及(이집트)   开罗(카이로)

埃塞俄比亚(에티오피아) 亚的斯亚贝巴(아디스아바바)

安哥拉(앙골라)   罗安达(루안다)

贝宁(베냉)   波多诺伏(포르토노브)

布隆迪(부룬디)   布琼布拉(부줌부라)

赤道几内亚(적도기니) 马拉博(말라보)

多哥(토고)   落美(로메)

冈比亚(감비아)   班珠尔(반줄)

刚果(콩고)   布拉柴维尔(브라자빌)

几内亚(기니)   科纳克里(코나크리)

几内亚比绍(기니비사우) 比绍(비사우)

吉布提(지부티)   几布提(지부티)

加纳(가나)   阿克拉(아크라)

加蓬(가봉)　　　　　　　　　利伯维尔(리브르빌)

津巴布韦(짐바브웨)　　　　　哈拉雷(하라레)

喀麦隆(카메룬)　　　　　　　雅温得(야운데)

科摩罗(코모로)　　　　　　　莫罗尼(모로니)

肯尼亚(케냐)　　　　　　　　内罗毕(나이로비)

莱索托(레소토)　　　　　　　马塞卢(마세루)

利比里亚(라이베리아)　　　　蒙罗维亚(몬로비아)

利比亚(리비아)　　　　　　　的黎波里(트리폴리)

马达加斯加(마다가스카르)　　塔那那利佛(안타나나리보)

马里(말리)　　　　　　　　　巴马科(바마코)

毛里求斯(모리셔스)　　　　　路易港(포트루이스)

毛利搭尼亚(모리타니)　　　　努瓦克肖特(누악쇼트)

摩洛哥(모로코)　　　　　　　拉巴特(라바트)

莫桑比克(모잠비크)　　　　　马普托(마푸토)

纳米比亚(나미비아)　　　　　温得和克(빈트후크)

南非(남아프리카공화국)　　　比勒陀利亚(프리토리아)

尼日尔(니제르)　　　　　　　尼亚美(니아메)

尼日利亚(나이지리아)　　　　阿布贾(아부자)

塞拉利昂(시에라리온)　　　　弗里敦(프리타운)

塞内加尔(세네갈)　　　　　　达喀尔(다카르)

塞舌尔(세이셸)　　　　　　　维多利亚(빅토리아)

布基那法索(부르키나파소)　　瓦加杜古(와가두구)

斯威士兰(스와질란드)　　　　姆巴巴内(음바바네)

索马里(소말리아)　　　　　　摩加迪沙(모가디슈)

突尼斯(튀니지)　　　　　　　突尼斯(튀니스)

乌干达(우간다)　　　　　　　坎帕拉(캄팔라)

科特迪瓦共和国(코트디부아르)　亚穆苏克罗(야무수크로)

刚果民主共和国(콩고민주공화국)　金沙萨(킨샤사)

赞比亚(잠비아)　　　　　　　卢萨卡(루사카)

乍得(차드)　　　　　　　　　恩贾梅纳(은자메나)

··· 拉丁美洲(라틴 아메리카) ···

阿根廷(아르헨티나)   布宜诺斯艾利斯(부에노스아이레스)

巴巴多斯(바베이도스)   布里奇敦(브리지타운)

巴哈马(바하마)   拿骚(나소)

巴拉圭(파라과이)   亚松森(아순시온)

巴西(브라질)   巴西利亚(브라질리아)

秘鲁(페루)   利马(리마)

波多黎各岛(푸에르토리코)   圣胡安(산후안)

玻利维亚(볼리비아)   拉巴斯(라파스)

多米尼加共和国(도미니카공화국)   圣多明各(산토도밍고)

多米尼加联邦(도미니카연방)   罗索(로조)

厄瓜多尔(에콰도르)   基多(키토)

哥伦比亚(콜롬비아)   波哥大(보고타)

哥斯达黎加(코스타리카)   圣约瑟(산호세)

格林纳达(그레나다)   圣乔治(세인트조지스)

古巴(쿠바)   哈瓦那(아바나)

圭亚那(가이아나)   乔治敦(조지타운)

海地(아이티)   太子港(포르토프랭스)

洪都拉斯(온두라스)   特古西加尔巴(테구시갈파)

墨西哥(멕시코)   墨西哥城(멕시코시티)

尼加拉瓜(니카라과)   马那瓜(마나과)

萨尔瓦多(엘살바도르)   圣萨尔瓦多(산살바도르)

苏利南(수리남)   帕拉马里博(파라마리보)

危地马拉(과테말라)   危地马拉城(과테말라시티)

委内瑞拉(베네수엘라)   加拉加斯(카라카스)

乌拉圭(우루과이)   蒙得维的亚(몬테비데오)

牙买加(자메이카)   金斯敦(킹스턴)

智利(칠레)   圣地亚哥(산티아고)

••• 欧洲(유럽) •••

阿尔巴尼亚(알바니아)	地拉那(티라나)
爱尔兰(아일랜드)	都柏林(더블린)
奥地利(오스트리아)	维也纳(빈)
保加利亚(불가리아)	索非亚(소피아)
比利时(벨기에)	布鲁塞尔(브뤼셀)
冰岛(아이슬란드)	雷克雅未克(레이캬비크)
波兰(폴란드)	华沙(바르샤바)
丹麦(덴마크)	哥本哈根(코펜하겐)
德国(독일)	柏林(베를린)
法国(프랑스)	巴黎(파리)
芬兰(핀란드)	赫尔辛基(헬싱키)
荷兰(네덜란드)	阿姆斯特丹(암스테르담)
卢森堡(룩셈부르크)	卢森堡(룩셈부르크)
罗马尼亚(루마니아)	布加勒斯特(부쿠레슈티)
马尔他(몰타)	瓦莱塔(발레타)
摩纳哥(모나코)	摩纳哥(모나코)
塞尔维亚与蒙特内哥罗(세르비아 몬테네그로)	贝尔格莱德(베오그라드)
挪威(노르웨이)	奥斯陆(오슬로)
葡萄牙(포르투갈)	里斯本(리스본)
瑞典(스웨덴)	斯德哥尔摩(스톡홀름)
瑞士(스위스)	伯尔尼(베른)
西班牙(스페인)	马德里(마드리드)
俄罗斯(러시아)	莫斯科(모스크바)
希腊(그리스)	雅典(아테네)
匈牙利(헝가리)	布达佩斯(부다페스트)
意大利(이탈리아)	罗马(로마)
英国(영국)	伦敦(런던)
列支敦士登(리히텐슈타인)	瓦杜兹(파두츠)

·· 北美洲(북아메리카) ··

加拿大(캐나다)   渥太华(오타와)

美国(미국)   华盛顿(워싱턴)

·· 大洋洲(대양주) ··

澳大利亚(오스트레일리아)   堪培拉(캔버라)

巴布亚新几内亚(파푸아뉴기니)   莫尔兹比港(포트모르즈비)

斐济(피지)   苏瓦(수바)

基里巴斯(키리바시)   塔拉瓦(타라와)

瑙鲁(나우루)   亚伦(야렌)

萨摩亚(사모아)   阿皮亚(아피아)

新西兰(뉴질랜드)   惠灵顿(웰링턴)

부록 4(附录Ⅳ) **단어 색인**

川菜	chuāncài	[명]	쓰촨(四川)음식(요리), 사천요리	142
	D			
打扰	dǎrǎo	[동]	방해하다, 폐를 끼치다	142
大概	dàgài	[부]	아마(도), 대개, 대략	50
打印	dǎyìn	[동]	(프린터로) 인쇄하다, 프린트하다	62
大转盘	dàzhuànpán	[명]	(게임)빅휠	71
带来	dàilái	[동]	가져오다, 가져다주다, 초래하다	92
当然	dāngrán	[부사]	당연히, 물론	80
点菜	diǎncài	[동]	요리를 주문하다	142
典范	diǎnfàn	[명]	모범, 전범, 본보기	181
电冰箱	diànbīngxiāng	[명]	전기냉장고, 냉장고	80
斗大小	dòudàxiǎo	[명]	(게임) 카지노워(Casinowar)	71
的话	dehuà	[조]	…하다면, …이면	36
地铁站	dìtiězhàn	[명]	지하철역	70
度过	dùguò	[동]	(시간을) 보내다, 지내다	36
	F			
发票	fāpiào	[명]	영수증	168
房价	fángjià	[명]	집값, 방값	12
房卡	fángkǎ	[명]	호텔 등의 객실카드키, 방 카드키	36
放	fàng	[동]	(집어)넣다, 놓아두다	112
份	fèn	[양]	부, 통, 권(신문·잡지·문건 등을 세는 단위)	62
风貌	fēngmào	[명]	풍경, 경치, 풍광	181
付	fù	[동]	돈을 지급[지불]하다	168
附近	fùjìn	[명]	부근, 근처, 인근, 가까운 곳	70
复印	fùyìn	[동]	복사하다	62
复印件	fùyìnjiàn	[명]	복사본	62
	G			
告诉	gàosu	[동]	말하다, 알리다	12
给	gěi	[동]	주다, (…에게) …을(를) 주다	62

卡布奇诺	kǎbùqínuò	[명]	카푸치노	168
卡西诺赌场	kǎxīnuòDǔchǎng	[명]	카지노	70
可以	kěyǐ	[조동]	할 수 있다, 가능하다, 해도 좋다	62
客房服务部	kèfángfúwùbù	[명]	객실 서비스부서	112
空间	kōngjiān	[명]	공간	181
空调	kōngtiáo	[명]	에어컨	92
快	kuài	[형]	빠르다	122

L

拉斯维加斯	lāsīwéijiāsī	[고명]	라스베이거스(라스베가스)	71
老虎机	lǎohǔjī	[명]	슬롯머신(slot machine)	71
辣	là	[형]	맵다, 얼얼하다	142
里	lǐ	[명]	안, 속, 가운데, 내부	80
离	lí	[개]	…로부터, …까지	180
利用	lìyòng	[동]	이용[활용·응용]하다	181
联合国教科文组织	liánhéguóJiào kēwénZǔzhī	[명]	유네스코(UNESCO)	181
联系	liánxì	[동]	연락하다, 연결하다	24
联系电话	liánxìdiànhuà	[명]	연락처, 연락전화	12
凉快	liángkuai	[형]	시원하다, 서늘하다	92
旅游	lǚyóu	[동]	여행하다, 관광하다	180

M

麻烦	máfan	[형]	귀찮다, 성가시다, 번거롭다	50
麻婆豆腐	mápódòufu	[명]	마파두부	142
马上	mǎshàng	[부]	곧, 즉시, 바로, 금방	112
没错	méicuò	[형]	틀림없다, 맞다[긍정을 나타냄]	50
美式早餐	měishì zǎocān	[명]	미국식 아침식사(American Breakfast)	122
门口	ménkǒu	[명]	입구, 현관, 문어귀	122
面条	miàntiáo	[명]	국수	142
迷你巴	mínǐbā	[명]	(호텔객실의) 소형냉장고, 미니바	80
名称	míngchēng	[명]	명칭, 이름	36

时期	shíqī	[명]	(특정한) 시기	180
世界文化遗产	shìjièwénhuàyíchǎn	[명]	세계문화유산	181
收	shōu	[동]	받다, 간수하다	36
收到	shōudào	[동]	받다, 얻다, 수령하다	112
收据	shōujù	[명]	영수증	80
熟	shú	[형]	(음식이) 익다, (과일 등이) 익다, 익숙하다	142
刷卡	shuākǎ	[동]	카드로 결제하다	80
双人间	shuāngrénjiān	[명]	2인실, 트윈룸	24
	T			
台	tái	[양]	(기계 · 차량 · 설비 등을 세는) 대	71
太…了	tài…le	[문형]	너무 …하다	181
特点	tèdiǎn	[명]	특징, 특색	180
提供	tígōng	[동]	제공하다, 공급하다, 내놓다	122
填写	tiánxiě	[동]	(일정한 양식에) 써넣다, 기입하다	50
通知单	tōngzhīdān	[명]	통지서	92
团队	tuánduì	[명]	단체, 팀	36
推	tuī	[동]	밀다	122
退房	tuìfáng	[동]	(호텔용어) 체크아웃하다	80
	W			
外国人	wàiguórén	[명]	외국인	71
完	wán	[동]	마치다, 끝나다, 완결되다	122
碗	wǎn	[명]	사발, 공기, 그릇	142
王娟	wángjuān	[고명]	왕연(인명)	24
为	wèi	[개]	…에게(…을 해주다), …을 위하여(…을 하다).	24
文件	wénjiàn	[명]	공문, 서류, 파일	62
	X			
洗	xǐ	[동]	씻다, 빨다	112
西餐厅	xīcāntīng	[명]	레스토랑, 양식당	134

洗衣单	xǐyīdān	[명]	세탁소	112
下车	xià chē	[동]	하차하다, 차에서 내리다	70
夏威夷咖啡	xiàwēiyíkāfēi	[명]	하와이 커피	168
线	xiàn	[명]	줄선, (교통)노선	70
现金	xiànjīn	[명]	현금	168
想	xiǎng	[동]	생각하다, …하고 싶다, …하려고 하다	50
些	xiē	[양]	조금, 약간	50
新	xīn	[형]	새롭다, 새것의	92
信用卡	xìnyòngkǎ	[명]	신용카드	80
行李	xíngli	[명]	짐, 여행짐, 수화물	50
姓名	xìngmíng	[명]	성명, 성과 이름	12
需要	xūyào	[동]	필요하다, 요구되다	12

Y

钥匙	yàoshi	[명]	열쇠	36
衣服	yīfu	[명]	옷, 의복	112
衣袋	yīdài	[명]	호주머니, 포켓	112
一共	yígòng	[부]	모두, 전부, 합계	50
以后	yǐhòu	[명사]	이후, 금후	50
一下	yíxià	[양]	한번, 좀 …하다	36
用餐	yòngcān	[동]	(경어) 식사를 하다, 밥을 먹다	122
游戏	yóuxì	[명]	게임, 놀이	71
鱼香肉丝	yúxiāngròusī	[명]	위샹러우쓰, 어향돼지고기볶음	142
原豆咖啡	yuándòukāfēi	[명]	원두커피	156
原件	yuánjiàn	[명]	원본	62
远	yuǎn	[형]	(공간적·시간적으로) 멀다	180
预计	yùjì	[동]	…할 예정이다, 예측하다, 추산하다	24
愉快	yúkuài	[형]	기쁘다, 즐겁다	36

Z

早餐券	zǎocānquàn	[명]	아침 식사권	36
自然	zìrán	[명]	자연	181

左右	zuǒyòu	[명]	가량, 내외, 쯤	71
坐	zuò	[동]	앉다, (교통도구를) 타다	70
张	zhāng	[양]	장[종이 등을 세는 단위]	62
张小明	zhāngxiǎomíng	[고명]	장소명	12
帐单	zhàngdān	[명]	계산서	168
这样	zhèyàng	[대명]	이렇다, 이와 같다, 이렇게	92
种	zhǒng	[명]	종, 종류	24
知道	zhīdào	[동]	알다, 이해하다	70
之前	zhīqián	[명]	…이전, …전에	112
值得	zhídé	[동]	…할 만한 가치가 있다	181
制作	zhìzuò	[동]	제작[제조]하다, 만들다	92
指定	zhǐdìng	[동]	지정하다, 확정하다	181
住	zhù	[동]	숙박하다, 묵다, 살다, 거주하다	24
祝	zhù	[동]	기원하다, 축복하다, 축하하다	36
注重	zhùzhòng	[동]	중시하다, 중점을 두다	180
专用	zhuānyòng	[동]	전용하다	71
桌子	zhuōzi	[명]	탁자, 테이블	71
桌位	zhuōwèi	[명]	테이블, 자리	134

■ 저자소개 ─────────────

■ **임영화**(林英花)

경성대학교 중어중문학과 문학박사
대한중국학회 회원
(현) 가톨릭관동대학교 호텔경영학과 조교수
(전) 동아대학교 국제학부 중국학과 조교수
　　경북전문대학교 국제교육원 초빙조교수
　　경북전문대학교 중국통상과 초빙전임강사
　　부산경상대학교 관광중국어과 강사

〈주요 저서 및 논문〉
『호텔관광중국어(기초편)』, 백산출판사
『속성중국어회화』, 도서출판금정
『속성비즈니스중국어』, 도서출판금정
「A Study on KOREA-CHINA Fishing Dispute and Marine SECURITY Strengthening Plan」,
　　『International journal of military affair』, 1(2), 2016
「중국 경제범죄에 대한 수사 처벌과 "쌍규(双規)"규정: 공금횡령과 뇌물수수 처벌사례
　　위주로」, 『한국범죄정보연구』, 제2권, 2016
「한국어 중국漢字語와 중국어 어휘의 對應과 非對應관계에 관한 연구」, 『중국학』, 第58輯
「중국어의 禁忌語와 대체유형」, 『중국학』, 第51輯
「謙讓語를 사용한 현대 중국어 敬語法 소고」, 『중국학』, 第48輯
「중국어 敬語표현의 유형과 사용법 소고」, 『중국학』, 第38輯
「고대 漢語 존칭어의 形成要因과 과정」, 『중국학』, 第31輯

저자와의
합의하에
인지첩부
생략

호텔관광중국어(회화편)

2017년 8월 25일 초판 1쇄 인쇄
2017년 8월 30일 초판 1쇄 발행

지은이 임영화 (林英花)
펴낸이 진욱상
펴낸곳 백산출판사
교 정 편집부
본문디자인 오행복
표지디자인 오정은

등 록 1974년 1월 9일 제406-1974-000001호
주 소 경기도 파주시 회동길 370(백산빌딩 3층)
전 화 02-914-1621(代)
팩 스 031-955-9911
이메일 edit@ibaeksan.kr
홈페이지 www.ibaeksan.kr

ISBN 979-11-5763-400-2
값 20,000원